女性のための スタイルワイン

弘兼憲史

Style Wine for Women

Kenshi Hirokane

幻冬舎

Contents

『女性のためのスタイルワイン』もくじ

Part 1
お店ではスマートに、家では自分流に
—作法のコツと簡単レシピ—

Part 2
基本のぶどう7種の味を知ろう
—品種別のワイン解説—

Contents

Contents

Part 4 世界のワインを飲んでみよう

—各国の産地とオススメワイン—

Contents

Part 1

お店ではスマートに、家では自分流に

―作法のコツと簡単レシピ―

ワインに親しむ機会が増えたとはいえ
レストランなどでは、どうしても緊張してしまうもの。
オドオドしないで気軽にワインを楽しむために
スマートな注文のしかたやグラスの扱い方を覚えましょう。
自宅では簡単なつまみをつくり、自分流に味わって。

レストランでワイン

スマートな注文&マナーを身につけて好印象のゲストになる

ワインは楽しく飲むのがいちばん。でも、慣れていないと、お店では緊張しがち。ふるまい方のコツさえ覚えれば気楽に、素敵に、食事を楽しめます。

予約のしかた

レストランで食事を楽しみたいときは、事前に電話予約を。当日は安心して入店できる。

→P.10
予約のしかた へ

注文のしかた

慣れないうちは、カタカナや横文字の並ぶメニューに戸惑うもの。落ち着いてお店の人に相談を。

→P.12
注文のしかた へ

服装・マナー

お店にふさわしい服装やふるまいをしたいもの。女性らしくエレガントにみせるポイントとは？

➡P.11
服装・マナー へ

ワインの飲み方

グラスのもち方ひとつで、飲み慣れているかどうかわかる。さまになる扱い方を知っておきたい。

➡P.14
ワインの飲み方 へ

Q 3枚の写真のどこがマナー違反？

➡P.14へ

予約のしかた

お店のスタッフは、電話の対応からどんなゲストなのか想像します。
ていねいな受け答えを心がけましょう。
当日、スムーズに迎えてもらうために、要点の確認を忘れずに。

お店に伝え、確認するポイント

名前・連絡先

予約者のフルネームと、電話番号を伝えておく。

予約日時

日付と曜日の両方で伝えると安心。開始時間の確認も忘れずに。

予算・コース

事前にトータルの予算を伝えておくといい。

予約人数

変更の可能性がある場合は、いつまでに連絡すべきか聞いておく。

来週の木曜
5日の予約を
お願いしたいの
空いてますか？

他に

結婚祝いや接待など会食の目的があるときは、伝えておく。支払い方法やドレスコードの確認も。

服装・マナー

**レストランで食事するなら、ほどよい華やかさは大切。
ただし、食事のさまたげになるようなもの、動作には注意して。**

髪型

食事中に髪をいじるのはタブー。邪魔にならないヘアスタイルに。

メイク

口紅は色落ちしにくいものを選び、つけすぎない。食事前にティッシュで押さえておく。

服装・アクセサリー

お店にふさわしい格好を。指輪やブレスレットなど手先のアクセサリーは控えめに。

香水

香水が邪魔をして、ワインの香りがわからなくなってしまう。周囲のお客様にも迷惑。

店内でのふるまい

上品にみせるコツは、ゆっくりと動くこと。会話を楽しみながらゆったり食事を。

注文のしかた

**期待どおりに食事やワインを楽しむには、オーダーの伝え方も重要です。
自分だけで決めて注文するよりも、
お店の人に、好み、予算、量を伝えて「お任せする」のがエレガント。**

※ソムリエとのやりとりやワインリストの読み方についてはP.94へ。

予算を伝える

ワイン選びに不可欠な、もっとも大切な情報。レストランでのワイン価格は小売りの約2～3倍。気楽に支払える金額で十分。

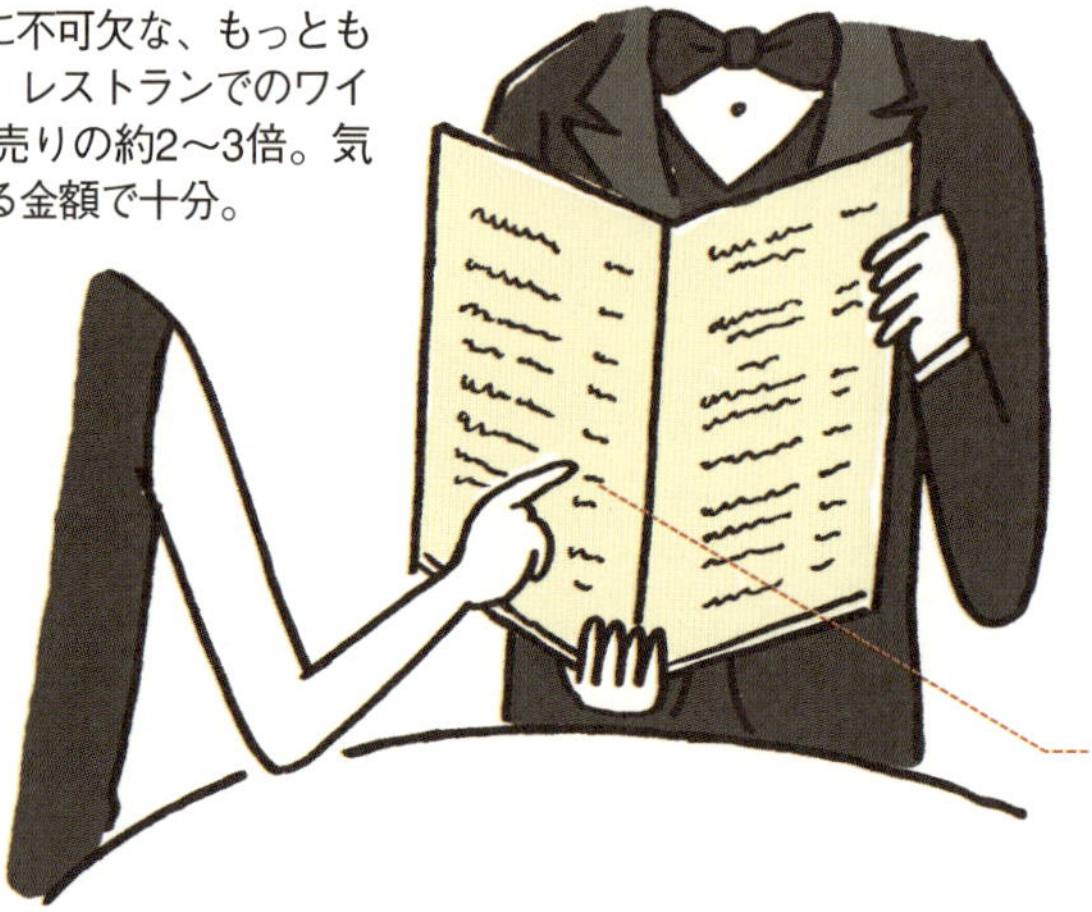

同席者のまえで予算を口にしにくいときは、ワインリストの希望する価格を指で指して、「このくらいのものを」と伝える。

量を伝える

予算とあわせて伝えたいのが、「どのくらい飲むか」。目安を伝えて。ボトルを頼まないで、すべてグラスワインを頼んでもOK。

例

(3人で)
グラスシャンパン×3
↓
白ワインハーフボトル×1
↓
赤ワインフルボトル×1

ひとりあたり(目安)
シャンパン1杯／
白ワイン1杯／赤ワイン2杯

フルボトル(750ml)

ハーフボトル(375ml)

好みを伝える

赤と白、どちらがいいか、甘み、酸味、渋味の好き嫌いなどをお店の人に伝え、料理にあうものを選んでもらう。

赤か、白か、シャンパンか、ロゼか……

「**すっきり辛口**の白が好きです」

「**渋味の少ない**赤ワインがいいです」

料理にあわせてもらう

「この**料理にあう**
ワインをお願いします」

「**シャブリが好き**ですが、
今日の料理にあいますか？」

目的を伝える

誕生日や接待など、食事の目的も伝えておくといい。それを考慮したワイン選びをしてもらえる。

部長昇進の
お祝いに
みんなで集まったの

今日は彼女の
結婚祝いの
集まりなんです

ワインの飲み方

ワイングラスは、少しばかり華奢なつくりです。
飲み方に決まりはありませんが、ていねいに扱うことを心がけるようにしてください。

NG

OK

ついでもらうとき グラスは置いたままに

ビールのようにグラスをもちあげるのはマナー違反。また基本的に注ぐのはお店の人か男性客の役目。

OK

NG

グラスの脚をもつと エレガント

手のひらでガシッともつのは品がない。また、手の温度でワインがぬるくなってしまう。

NG

OK

乾杯はグラスを ぶつけないで

グラスは繊細で割れやすいもの。ぶつけずに、目の高さに上げて視線をかわすのが大人のマナー。

回す向きは反時計回り
（右手の場合）

くるくる回すとツウっぽい？
↓
回しすぎはカッコ悪い

ワインを空気にふれさせ、香りを引き出す動作。やりすぎると、飛び散ったり、香りが壊れたり……。ゆっくり数回にとどめて。

注ぎを断るときは？
↓
手をかざす

グラスに軽く手をかざせばOK。かわりにお水をお願いするといい。

口紅がついたら？
↓
そっとぬぐう

グラスをそっと指先でぬぐい、ナプキンで指をふく。食事の前に口紅をティッシュで押さえて、つかないようにしておきたい。

自宅でワイン

ちょっとした手間と工夫が香りや味わいを引き出す

栓をあけてからの時間、飲むときのワインの温度、室温によって香りや味わいはガラリと変化します。いろいろ試して違いを体感してください。

おいしく飲むための便利グッズ

栓を抜く

長く使うものだから、
じょうぶで使いやすいものを。

ソムリエナイフ

ナイフ、スクリューなどが折りたたまれたプロ仕様。かっこよさはベストだが、扱うには練習が必須。

スクリュープル

頭の部分を回すだけで抜栓できるタイプ。力がいらず、初心者でも簡単に扱える。

コルクスクリュー

スクリューをコルクにねじ込み、力で抜くタイプ。まっすぐ入れるのがむずかしい。

冷やす、適温を保つ

「赤ワインは室温」より「ひんやり」がおいしい。
いろいろ試して好みの温度を探して。

飲みごろの温度の目安はP.101へ

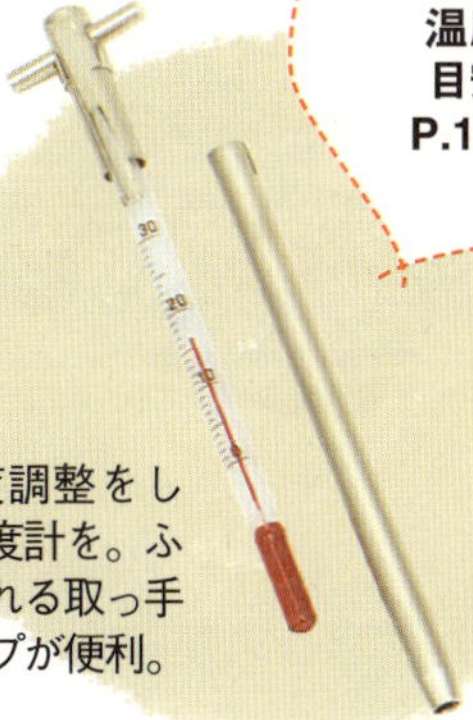

温度計

正確に温度調整をしたいなら温度計を。ふちにかけられる取っ手のあるタイプが便利。

ワインクーラー

6：4程度の比率で氷と水を入れ、ボトルを入れる。15分も入れれば十分に冷える。

香りを開き、まろやかにする

デカンタージュ

ボトルから別の容器にワインを移し替えること。
空気にふれて香りが広がり、
味わいがまろやかになる。ボトル内にできる
澱(成分の結晶。ワインの風味を損なう)を
分離する効果も。

ワインをおいしく飲むための
グラス選びはP.102へ。
飲み残しを
保存するコツはP.104へ。

デキャンティングポアラー

ボトルにはめて、そのまま注ぐだけでワインがまろやかに。グラスに直接注げて便利。

 写真提供：株式会社ワイン・アクセサリーズ・クリエイション

無理のない準備で
ゲストも自分も
楽しく過ごす

素敵なワインパーティには
少しの予算と、みんなが入れる部屋さえあれば十分。
大掛かりに考えないで、
もっと気楽に「自宅でワイン」を。

パーティ前のチェックポイント

□ 予算を決めておく

「ひとり3000円の会費制」「食費は主催者が負担し、ゲストはワイン1本ずつ持参」などと決めて招待する。

□ ワインとメニューを決める

「チリ産のワイン」「カベルネ種のワイン」などテーマを決めてワインを選ぶと楽しい。メニューはパーティ中の調理時間が短いものを選ぶ。

□ お皿とグラスを用意する

とりわけ皿が1枚ずつあれば、大皿に盛るだけでOK。グラスも人数分あれば十分。

□ 部屋を片付け、照明を工夫

キャンドルやスタンドなど、間接照明を取り入れると雰囲気がでる。

□ バックミュージックを選ぶ

会話を邪魔しない程度の音量で音楽を流すといい。パーティ度がグッと上がる。

おつまみ
レシピ

カマンベールチーズとりんごのサラダ

チーズのミルキーさとりんごの酸味が絶妙にマッチ。トロリ＆シャキシャキな食感のコントラストが魅力です。

材料（4人分）

カマンベールチーズ …… 1個
りんご …… 1個
さやえんどう …… 5枚
A
- りんご酢 …… 大さじ1
  ※ワインビネガーで代用してもOK
- サラダオイル …… 大さじ3
- 塩・こしょう …… 少々

ポイント
放射状

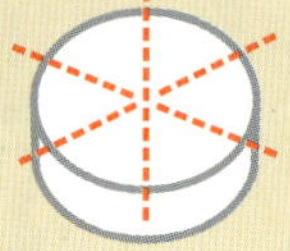

つくり方

1. チーズを**放射状**にひと口大に切る。
2. よく洗ったりんごを、皮がついたままひと口大に切り、塩水で**色止め**する。
3. ふっとうした湯で、へたとすじをとったさやえんどうをさっとゆでる。水にとり冷やしてシャキッとさせ、半分に切る。
4. **A**の材料をよくまぜて、ドレッシングをつくる。
5. ❶〜❸と❹をあえ、盛り付ける。

ポイント
色止め
切ったりんごを塩水にくぐらせておくと、変色しないでキレイな色が保てる。

りんごでつくった“シードル”というワインも、このレシピとよくあう。

レシピの表示について
●本書では、大さじ1は15ml、小さじ1は5mlです。
●材料の分量や調理時間、火の強さは目安です。調理器具や食材の状態、好みに応じて加減してください。

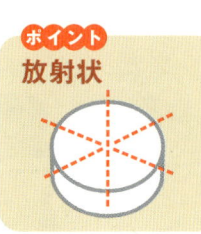

wine

- **酸味のある フレッシュな赤ワイン**
- **辛口の白ワイン**

手軽なサラダにあわせて、ワインもフレッシュなものを。すっきり辛口タイプがいい。

おつまみレシピ

サザエのエスカルゴ風

エシャロットの香りと
バターのうまみがサザエにしみ込んで、
白ワインのつまみにぴったりな一品。
焼きたてのアツアツをいただきたい。

材料（4人分）

姫サザエ …… 8個
※小ぶりのサザエでもOK。
つぶ貝などの巻貝で代用できる。

バター …… 適量

固形スープの素 …… 1個

白ワイン …… 大さじ3

パン粉 …… 適量

エスカルゴ風バター
※貝の大きさに応じて、適量を使う。
残りは冷蔵庫で保存を。

A
- バター …… 200g
- エシャロット …… 8本
※なければ、ラッキョウで代用できる。
- パセリ …… 少量

つくり方

1. ふっとうした湯にサザエを入れて、2〜3分ゆでる。ざるにあけたら、身を取り出し、ふたと内臓を切り離す。
2. フライパンでバターを熱し❶の身を強火で炒める。固形スープの素をくずして入れ、白ワインを入れる（フランベするとさらにおいしい）。
3. Aの材料でエスカルゴ風バターをつくる。エシャロット、パセリはみじん切りにして、室温に戻したバターとまぜあわせる。
4. サザエの殻に、❸→サザエの身→❸の順で詰める。
5. 少量のパン粉をふり、180度に温めたオーブンで5〜6分焼く。バターが溶け、パン粉に焦げ目がつけばできあがり。盛り付けは、サザエのふたを台にすると安定する。

wine

● 辛口の白ワイン（シャブリなど）

きりっとした辛口を。料理に使うワインと飲むワインが同じなら、なおいい。

準備のコツ

当日はオーブンに入れるだけでOK

❹まで準備したら、ラップをかけ冷蔵庫に入れて2～3日保存できる。当日は焼くだけ。

ポイント

フランベ

酒をふって火をつけ、アルコール分を飛ばし風味づけする調理法。レンジまわりを片付けて飛火しないよう注意する。

おつまみレシピ

づけまぐろとチーズの水菜添え

まぐろのうまみとチーズのコクがさわやかにマッチ。
刺身の残りでつくれる手軽さながら、
パーティで活躍させたい華のあるメニュー。

材料（4人分）

まぐろ …… 1サク

A［しょうゆ …… 大さじ4
　みりん …… 大さじ3

リコッタチーズ …… 100g

水菜 …… 1/4束

オリーブ …… 4個
※飾り用。なくてもOK。

つくり方

① Aの材料をまぜて、づけダレをつくる。

② まぐろを厚さ2cmに切り、❶に15分ほどつける。

③ 水菜を4cmに切る。

④ ❷のまぐろにリコッタチーズ、水菜、オリーブをのせ、盛り付ける。

盛り付けのコツ

オリーブを使って おしゃれに、食べやすく

種なしオリーブは、輪切りにするとリング状に。それで水菜をまとめれば、ばらばらと散らばらずに食べやすく、見た目もおしゃれ。

wine

- フルーティな赤ワイン
- フレッシュな白ワイン

渋味の少ないフルーティな味わいのワインがオススメ。赤も白もいける。

おつまみレシピ

いわしのソテー パプリカ盛り

旬の魚をオリーブオイルでさっと焼くだけ。
パプリカの彩りが鮮やかで
お客様受けのいい主役メニュー。
魚のうまみがじゅわっと広がります。

材料（4人分）

いわし …… 4尾
にんにく …… 1かけ
玉ねぎ …… 1/4個
パプリカ（赤、緑、黄）…… それぞれ1/5個
オリーブオイル …… 適量
塩 …… 少々
こしょう …… 少々

つくり方

1. にんにくはみじん切りに、玉ねぎ、パプリカは細切りにする。
2. いわしは三枚におろして皮をむく。（苦手な人は購入時にスーパーや鮮魚店でさばいてもらうといい）。塩、こしょうで下味をつける。
3. フライパンにオリーブオイルを熱し、中火でにんにくを炒めて香りをだす。
4. いわしを入れ、表面に焼き色がつくまで焼いて取り出す。
5. そのままのフライパンで玉ねぎ、パプリカを炒め、塩、こしょうで味をととのえる。
6. 皿に、❹を盛り、その上に❺を盛り付ける。好みでイタリアンパセリを飾る。

wine

● **辛口の白ワイン**

切れ味のいい白ワインを。脂ののった魚と、対照的なさっぱりワインが好相性。

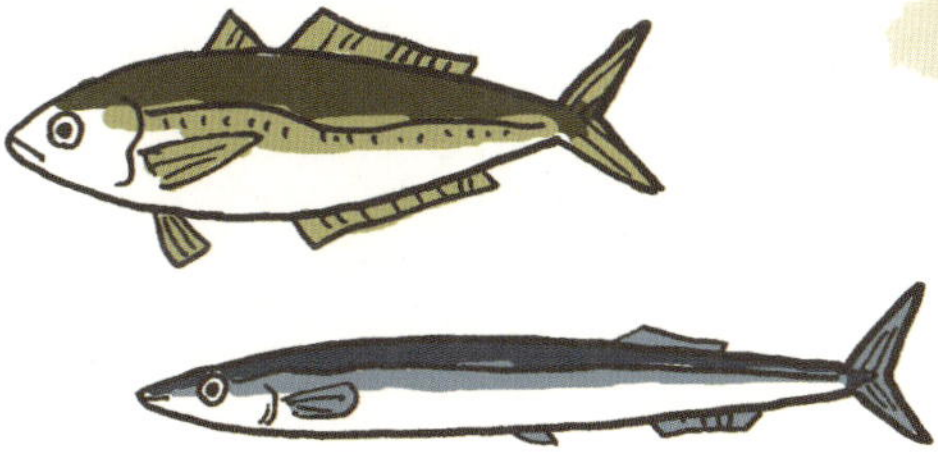

お好みアレンジ

季節に応じて旬の青魚を

いわしのかわりに、あじやさんま、さばなどを使ってもおいしい。

おつまみレシピ

トマトとセロリのギリシア風スープ

ピリッと辛味をきかせたホットスープ。
ひと口するたびに、ワインもすすみます。
ひと晩寝かせて味がなじむとさらにおいしい。

材料（4人分）

トマト …… 4個
セロリ …… 4本（25cm程度のもの）
水 …… 140cc
固形スープの素 …… 1個
ワインビネガー、サラダ油 …… 各大さじ2
カイエンペッパーまたは唐辛子 …… 適量

つくり方

1. トマトはへたをとって**湯むき**し、種の部分を取り除いて2～3cm角にきざむ。
2. セロリは3cmの拍子木切りにする。
3. 鍋にトマト、セロリ、水を入れ中火にかける。煮立ってきたら固形スープの素を入れ、ワインビネガー、サラダ油、カイエンペッパーで味をととのえる。セロリがやわらかくなったらできあがり。

ポイント

湯むき

皮に浅く切り目を入れたトマトを熱湯に30秒ほどくぐらせる。すぐに冷水に入れて冷まし、皮をむく。

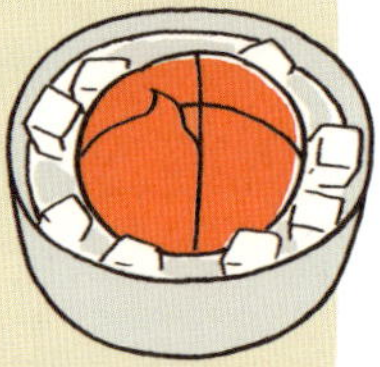

暑い夏向けアレンジ

冷蔵庫で冷やしたさっぱりスープ

暑い時期は、できあがったスープを冷やして召し上がれ。ミントの葉を飾れば、よりさわやかに。

wine

- **辛口の白ワイン**
- **スパイシーな赤ワイン**

スパイスをきかせた料理には、同じようにスパイシーな風味のワインがあう。

おつまみレシピ

揚げなすのバジルソース

なすとドレッシングだけの超シンプルレシピ。
前もってお皿を温めておき、
アツアツのうちに召し上がれ。

材料（4人分）

なす …… 中2本
バジルドレッシング（市販のもの）…… 適量
揚げ油 …… 適量

つくり方

1. なすは縦に5mm幅に切り、キッチンペーパーで水気をふきとる。
2. **揚げ油**を180度に熱し、なすを入れ、色がつかない程度に揚げる。
3. バットなどで油をしっかりと切ったら、皿に盛りバジルドレッシングをかける。

ポイント
揚げ油
カロリーが気になる人は、揚げずに焼きなすにしてもおいしい。

wine

- **辛口の白ワイン**
- **辛口のロゼワイン**

個性の強くない白やロゼがオススメ。スパークリング・ワインも口内がスッキリしていい。

暑い夏向けアレンジ

冷やして食べれば夏バテもふきとぶ

ドレッシングをかけてから、冷蔵庫で20～30分ほど冷やしておく。味がなじんでうまみが引き立つ。

column

今日の主役は料理？　それともワイン？

一般的に、ワインと料理はバランスが大事。カジュアルワインといつものごはん、豪華なワインとごちそうなど……。けれど、ワインを主役にすえるなら、簡単なつまみだけを添えて、じっくりワインを味わって飲むのもいい。

おつまみレシピ

ホタテの黒ごま焼き カレー風味

外側は香ばしく、内側はふっくらと、貝柱をほどよく焼き上げるのがポイントです。ほんのり香るカレースパイスがアクセント。

材料（4人分）

ホタテの貝柱 …… 8個
※刺身用でも冷凍ものでもOK。

小麦粉 …… 適量

カレー粉 …… 適量

黒ごま …… 適量

溶き卵 …… 適量

バター …… 適量

つくり方

1. ホタテに小麦粉、**カレー粉**をつける。
2. ❶を溶き卵にくぐらせ、片面に黒ごまをつける。
3. フライパンを中火にかけてバターを入れる。半分ほど溶けたら❷を入れ、中火でこんがりと焼き色がつくまで焼く。

ポイント

カレー粉

カレー粉のかわりにナツメグなどのスパイスで下味をつけてもいい。

盛り付けのコツ

黒ごまの表面をつやつやに輝かせて

つくり方❸で、溶けてきたバターをスプーンですくい、黒ごまの表面に数回かけてやると、照りがでる。

wine

- 辛口の白ワイン
- スパークリング・ワイン

ホタテの甘みとバターのコクにあうよう、コクのある辛口の白やシャンパンがいい。

おつまみレシピ

イタリア風サラダライス

さっぱりヘルシー。ボリュームがあって締めにもうれしい。
ごはんの甘みにビネガーの酸味がからむ味わいは
大人も子どもも大好きな、洋風の〝寿司めし〟です。

材料（4人分）

ごはん …… 茶碗4杯分
玉ねぎ …… 1/4個
パプリカ（赤、緑、黄） …… それぞれ1/4個
トマト …… 4個
レタス …… 適量
粒コーン …… 大さじ2
サラダ油 …… 大さじ2
A ワインビネガー …… 大さじ1
A 塩 …… 少々
A こしょう …… 少々

つくり方

1. 玉ねぎ、パプリカはみじん切りにする。
2. ❶をサラダ油で炒め、Aで味をととのえてごはん、粒コーンをまぜあわせる。
3. トマトのへたをとり、スプーンで種を取り除き、湯むき（P.28へ）する。
4. 湯むきしたトマトに❷を入れ、レタスを敷いた器に盛る。

ポイント

サラダ油

サラダ油を、体に脂肪がつきにくいタイプの油にかえると、よりヘルシー。

盛り付けアレンジ

ざっくり盛って食べやすく

❷のごはんをカップなどに詰めて、器に返して盛り付ければ、形が整って食べやすい。人数が多いときは、大皿に盛って。

wine

- **フレッシュな白ワイン**
- **ロゼワイン**

軽い飲み口（ライトボディ）で、クセのない白やロゼをあわせるといい。

おつまみレシピ

牛ヒレのステーキ マッシュルーム添え

きのこにもソースにも、肉のうまみと脂が広がって、大満足。
強火で一気に焼き上げ、肉にうまみを閉じ込めて。

材料（４人分）

- 牛ヒレ肉 …… 4枚
- マッシュルーム（生） …… 12個
- にんにく …… 1かけ
- 赤ワイン …… 大さじ2
- うまみ調味料 …… 少々
- サラダ油 …… 適量
- バター …… 適量
- 塩 …… 少々
- こしょう …… 少々
- しょうゆ …… 少々
- クレソン …… 適量

つくり方

1. にんにく、マッシュルームは薄切りにする。
2. フライパンにサラダ油を熱し、にんにくを入れて香りをだす。
3. 牛ヒレ肉に塩、こしょう、うまみ調味料で下味をつけたら、強火で20～30秒焼き、肉汁が上がってきたら返して20～30秒焼く。
4. マッシュルームを入れ中火にしたら、**赤ワイン**を入れる。**フランベ**（P.23へ）するとさらにおいしい。肉が好みの焼き加減になったら、しょうゆを鍋肌に回し入れ、バターを入れて火を止める。
5. 皿に盛り、フライパンに残ったソースをかけてクレソンを飾る。

ポイント

赤ワイン

少量なので、その日に飲む赤ワインを使えばOK。料理とワインの相性もバッチリ。

まぐろの刺身には赤ワインをたらしたしょうゆがよくあう

「赤ワイン×しょうゆ」の相性は意外といける。

wine

- **赤ワイン**
- **重めの赤ワイン**

赤ワインの渋味が、口内に残る肉の脂を洗い流し、次のひと口をおいしくする。脂の多い肉ほど、渋味のあるワインがあう。

おつまみレシピ

マスカルポーネとジャムのデザート

〝のせるだけ〟の手軽さは自宅飲みの定番に。
トッピングをたくさん並べて
新しいおいしい組み合わせを発見したい。

材料

マスカルポーネチーズ …… 適量
ジャム（種類はお好みで） …… 適量
※量は、食べたいだけでOK。

つくり方

1. マスカルポーネチーズを器に盛り、**ジャム**をかける。

ポイント

ジャム

トッピングは自己流でいろいろ試してみたい。
P.44を参考に！

wine

- **フルーティなワイン**
- **スパークリング・ワイン**

フレッシュな味わいなら赤も白もロゼもいい。泡のあるワインはクリーミーさにぴったり。

column

ワイン×チーズでハッピーな時間を

ワインの最高のつまみといえば、やっぱりチーズ。バラエティ豊かなナチュラルチーズを楽しんで。詳しくはP.42へ。

ベストマッチの法則

若いワイン	熟成ワイン
×	×
若いチーズ	熟成チーズ

「フルーティな軽いワインにはフレッシュタイプのチーズ」のように熟成具合をあわせるといい。

法則a

酸味のあるワイン × 酸味のあるチーズ

似たタイプのワインとチーズは好相性。

法則b

甘みの強いワイン × 塩気の強いチーズ

正反対のタイプが互いの味を引き立てあう。

法則c

スパークリング・ワイン × クリーミーなチーズ

まったりした口内を泡でリフレッシュ。

料理との相性

飲みたいワインと食べたいものを上手にマッチング

ワインは料理といっしょに飲むお酒。一般には「淡泊な味には白ワイン、濃厚な味には赤ワイン」があうといわれますが、自由な発想でおいしいカップルを探して。

相性のいい料理とワインを探すヒント

手軽な家庭料理には気軽なワイン

価格をそろえる

家庭では和洋中の料理がいっしょに並ぶことも多い。統一性のない食事には、個性の強くないカジュアルなワインを。

郷土料理とその地のワインは好相性

産地を同じにする

北部イタリアの郷土料理ブラッサートには同じ産地の「バローロ」（P.128へ）がよくあう。

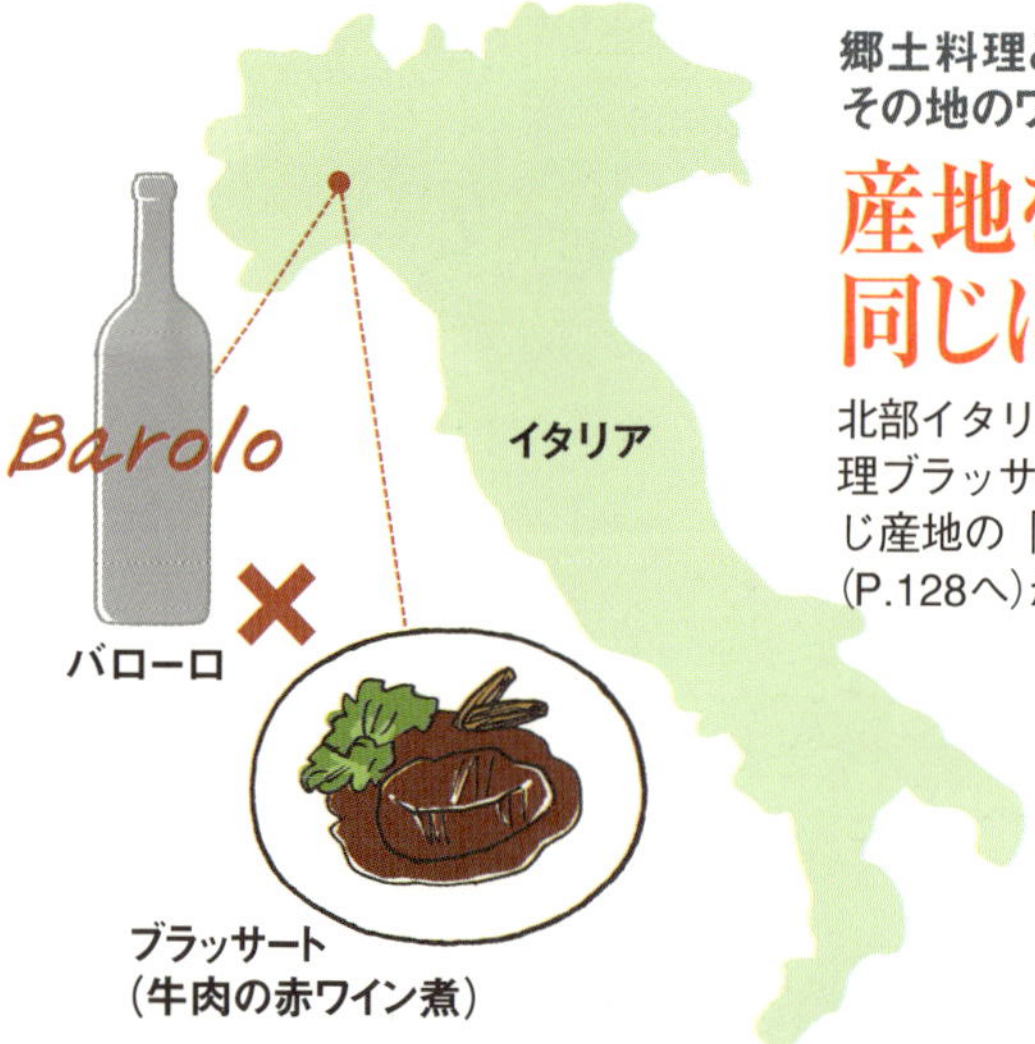

「肉に赤、魚に白」とはかぎらない

色・味わいをそろえる

食材とワインの色をあわせると調和しやすい。濃い色には赤、薄い色には白、中間色には軽い赤やしっかりした白。食材の持ち味を調理法（ソース）が上回るなら、できあがりの色で判断を。

●ワイン×素材の色をあわせる

身の赤さが濃いほど、赤ワインがいい。

身の色と脂ののりで判断。さっぱりしたものには白を。

赤	牛	さば
	鹿	いわし
		かつお
		まぐろ
		えび
	羊	カキ
	豚	かれい
白	鶏	ひらめ

鶏の塩焼きなら白ワイン。でも、鶏の赤ワイン煮だったら赤がいい。

●ワイン×料理の色をあわせる

調理し終えたあとの煮汁の色で判断する。

完成したときの料理（ソース）の色に注目。

赤	赤ワイン煮	ドミグラスソース
	トマト煮	チリソース
	濃いしょうゆ煮	トマトソース
	コンソメ味	濃いしょうゆ
	クリーム系	オリーブオイル
		レモン
		しょうが
白	和風だし	塩

チーズ

食後のデザートタイムも 休日の昼下がりも ワインのベストパートナー

赤ワインでも白ワインでも
究極のつまみはやっぱりチーズ。
おいしくいただくために、
購入するときに食べごろの確認を。

7タイプのナチュラルチーズ

フレッシュタイプ

ミルクを乳酸菌などで固め、水分を切っただけの非熟成タイプ。ソフトな口あたりとさわやかな酸味がある。新鮮なほどおいしい。

例 モッツァレラ
クリームチーズ
リコッタチーズ など

フルーティなワイン

白カビタイプ

表面に白カビをつけたタイプ。表面から中心に向けて熟成が進み、やわらかくなる。完熟するとトロトロでクリーミー。

例 カマンベール
ブリー
バラカ など

すっきりとしたワイン

シェーブルタイプ

山羊乳からつくるチーズで独特のにおいがある。熟成が進むと酸味がやわらぎ、コクやうまみが増す。

例 サントモール・ドゥ・トゥーレーヌ、ヴァランセ など

辛口の白ワイン
軽い赤ワイン

ウォッシュタイプ

熟成中にチーズの表面を塩水やお酒で洗うタイプ。においは強いが、中身はやさしい味わい。コクがあってまろやか。硬い皮ははずして。

例 **ポン・レヴェック**
エポワス、マンステール

力強い赤ワイン

青カビタイプ

全体に青カビをつけたチーズ。塩分が強く、刺激も強い。保存するときはラップで包んでからアルミホイルでおおって光を遮断して。

例 **ロックフォール**
ゴルゴンゾーラ、スティルトン

甘口のワイン
コクのある赤ワイン

セミハード＆ハードタイプ

チーズをプレスして水分を抜き、保存性を高めたチーズ。セミハードは適度な弾力があってマイルド。もっとも硬いハードは、アミノ酸が多くうまみたっぷり。食べるときは室温に戻すと風味が広がる。

例 **ゴーダ、ミモレット**
コンテ、パルミジャーノ・レッジャーノ

どんなワインもあわせやすい

チーズの保存法

- **冷蔵庫の野菜室に入れる**
- **乾燥させない**

切り口をラップで包み冷蔵庫の野菜室へ。ウォッシュ、シェーブルタイプはゆるめに、他のチーズはぴっちりとラップで包むのがコツ。

 写真提供：オーダーチーズ・ドットコム

ガラリと味わいをかえる名脇役

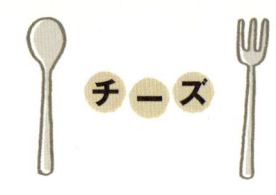

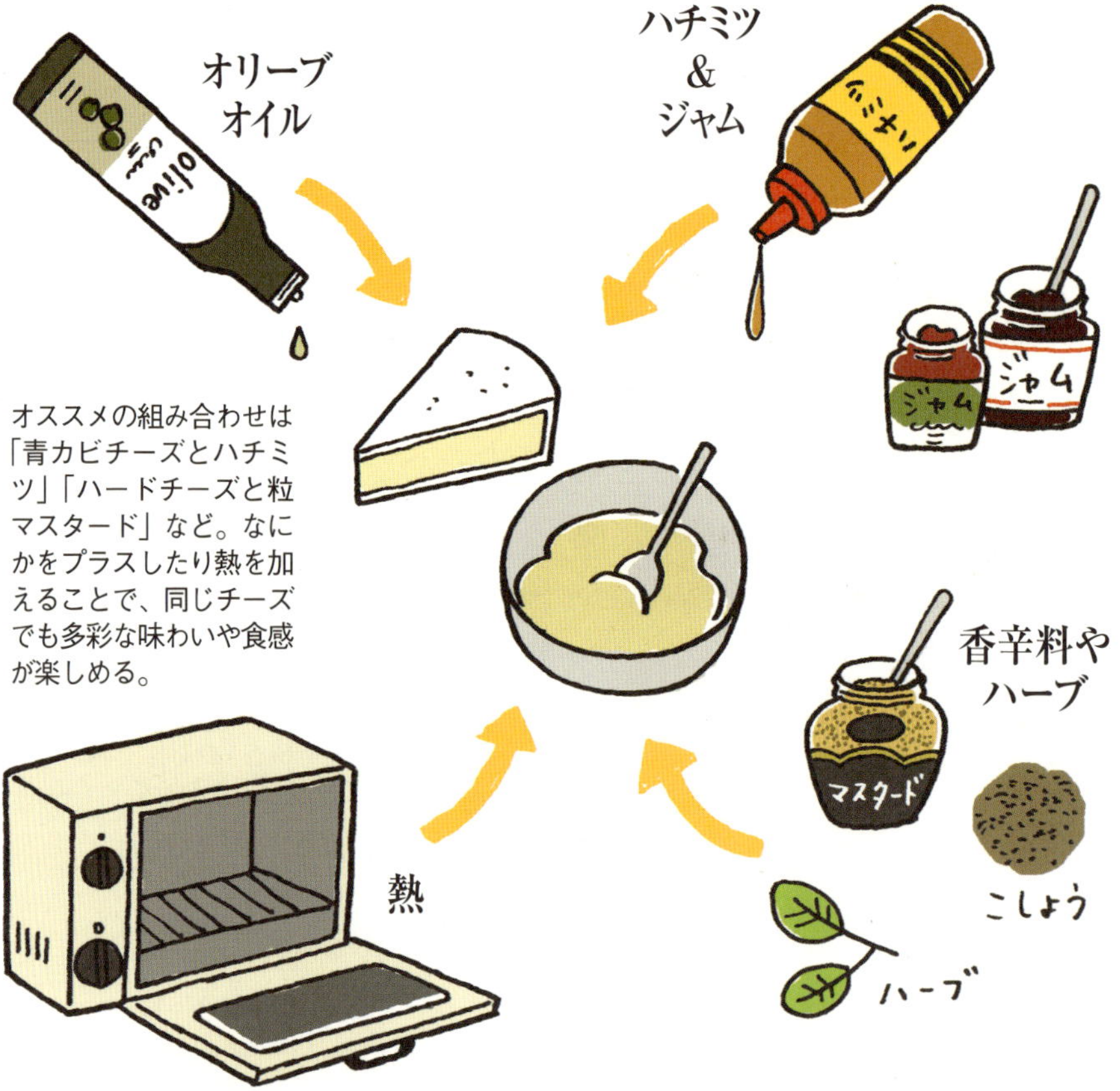

オススメの組み合わせは「青カビチーズとハチミツ」「ハードチーズと粒マスタード」など。なにかをプラスしたり熱を加えることで、同じチーズでも多彩な味わいや食感が楽しめる。

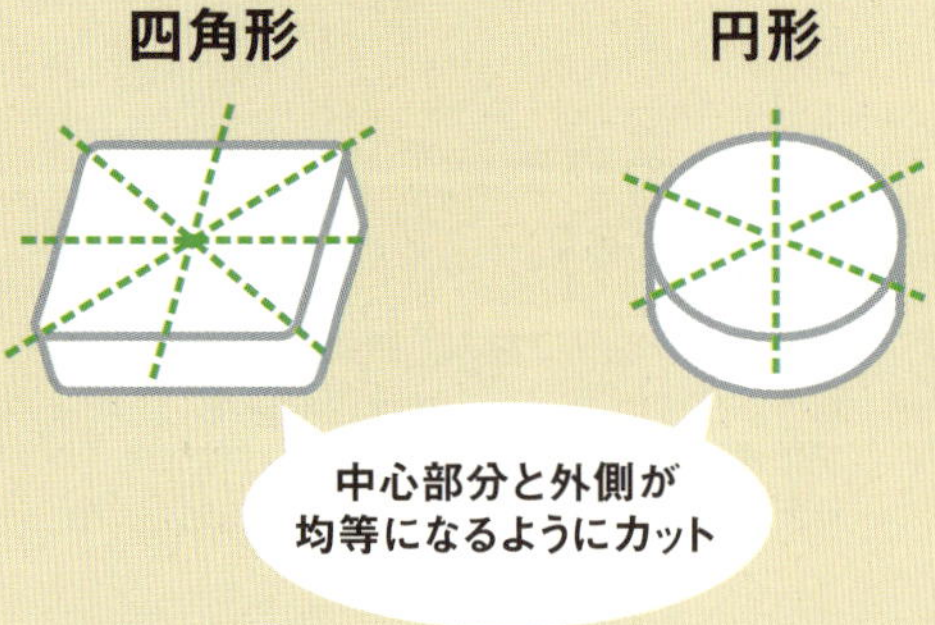

チーズをおいしくする切り方

ひと切れ10〜15gが適量。口に入れたときにおいしく感じる。味の濃いものや強いものは、さらに少量でOK。

食欲をそそる盛り付け

同じチーズでも、スライスしたものと砕いたものでは味わいがかわる。試してみたい。

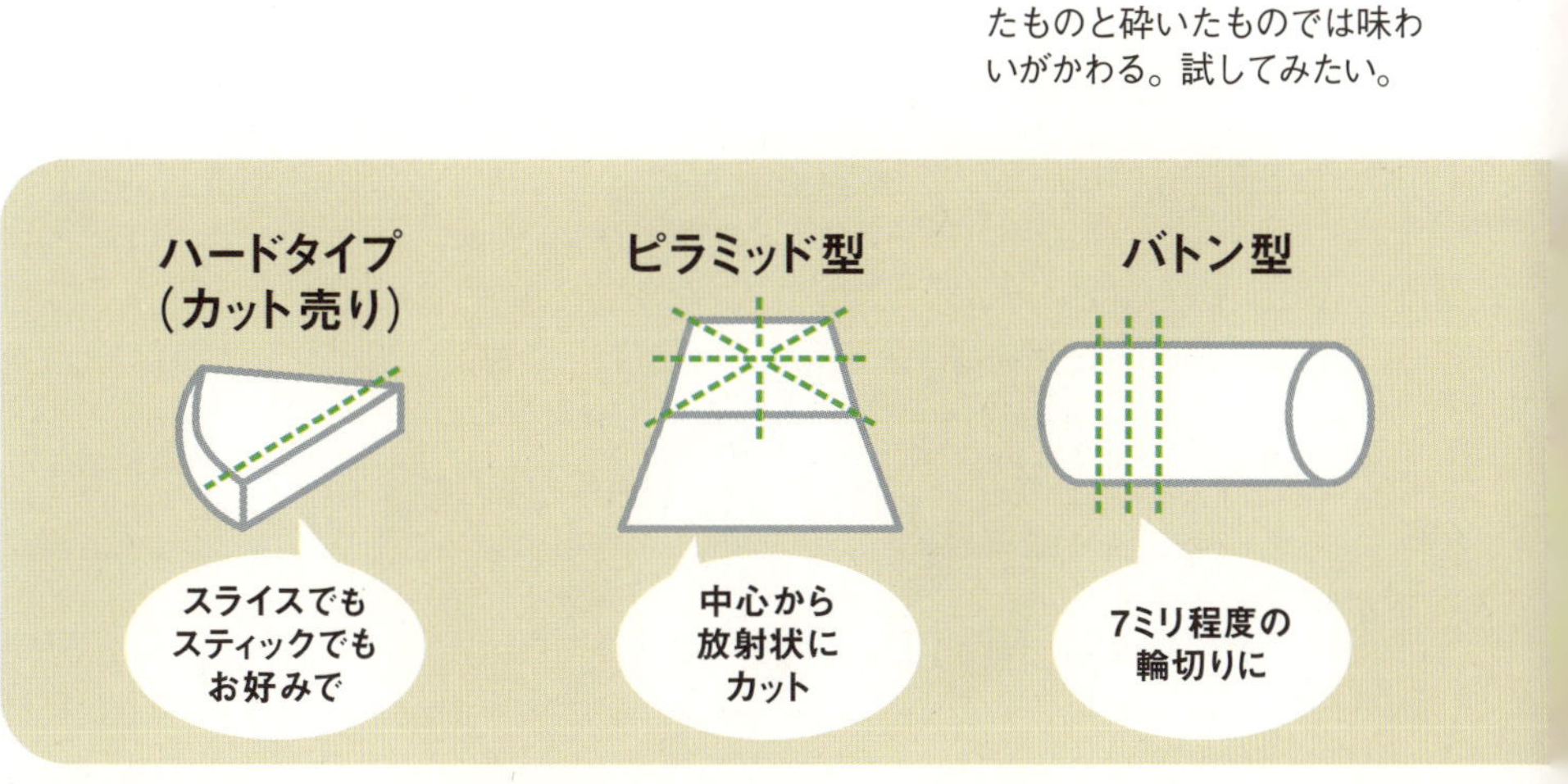

試してみたいおいしいチョイス

パン

焼きたてパンでワインの風味がいっそう際立つ

パンとワインは、切り離せない一対。
つまみがなくても、
これだけで十分。
両方のおいしさが引き立ちます。

French Bread

軽い赤ワイン × フランスパン

パリッとした外側としっとりした中身。ワインにあわせるパンの定番。シンプルなので、どんなワインにもあう。

おいしいパンのみわけ方

しっかり焼き色がつき、切り込みが反り返っているもの。

重い赤ワイン × ライ麦や全粒粉のパン

どっしりと重みがあり、歯ごたえや酸味のあるタイプのパンが多い。ワインもしっかりしたものがオススメ。

トッピング

いちじくやクルミなどをまぜこんだものは、赤ワインとの相性がさらにアップ。

Bagel

トッピング

フルーツをまぜこんだり、チーズやサーモンなどの具をはさむと、よりおいしい。

フレッシュな白ワイン × ベーグル

もっちりした食感で、ヘルシーかつ食べごたえがある。軽口でフルーティな白なら、ちょうどいい組み合わせに。

スパークリング・ワイン × クロワッサン

さくさくした食感と、バターのコクがたっぷりのパン。泡のあるワインは口内がすっきりし、もうひと口と手が伸びる。

おいしいパンのみわけ方

皮の部分がパラパラはがれやすく、生地の層がはっきりしたもの。

Croissant

つまみ

なにを添えて飲むのかでセンスがわかる

〝ワインのお供〟に決まりはありません。
なにをあわせたって、「好み」ですから。
好きなつまみをもちよって
なかまとワイワイ盛り上がって！

オリーブ Olive

そのままでも、炒めたり料理に加えてもいい。赤ワインにも白ワインにもよくあう。

セレクトポイント

種をくりぬいた部分に赤ピーマンが入ったタイプもおすすめ。

ナッツ Nuts

ナッツの香りをもつカベルネ・ソーヴィニヨン種やシャルドネ種のワインがオススメ。

セレクトポイント

軽くトーストして香ばしさを引き出しておくとグッド。

ドライフルーツ

ワインとフルーツの酸味や香りの組み合わせがおもしろい。フルーティなワインを選び、チーズも添えて！

Dry fruits

セレクトポイント

砂糖が過度に多く、ジャリジャリするようなものは避ける。

Chocolate

チョコレート

コクのある甘口ワインがあう。レーズンなどの香りをもつ赤ワインなら、チョコレートの香りとベストマッチ。

例 ポートワイン（P.80、141）
アイスワイン（P.80、147）
バニュルス
（甘口赤ワイン。P.80）
など

セレクトポイント

カカオ分の多いビターなタイプを選ぶとあわせやすい。

ワイン
カクテル

【赤・白ワインベース】食前酒から寝酒まで 変幻自在に楽しんで

カクテルに使うのは、
白ならフルーティで辛口のワイン、
赤なら渋味・苦味がおだやかで
酸味が強すぎないワインがオススメです。

＋ソーダ水

スプリッツァー

泡がはじけるカクテル
低アルコール度でヘルシー

つくり方
氷を入れたグラスに材料を注ぎ、軽くまぜる。好みで削ったレモンの皮を飾る。

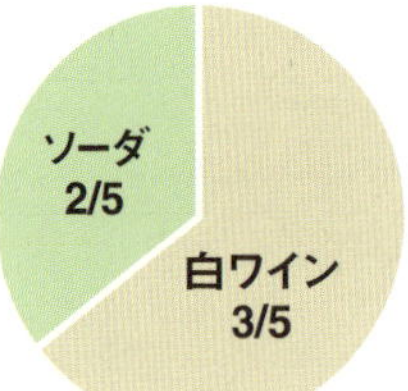

＋ワインを温めて

ホット・ワイン・グロッグ

体の芯から温まり心も安らぐ
寒い夜に飲みたい一杯

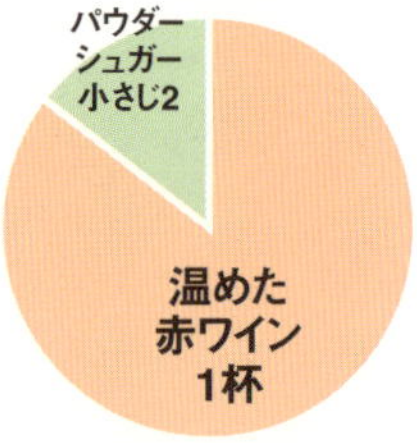

つくり方
グラスに材料を入れて軽くまぜる。好みでシナモンスティックを飾る。

つくり方

材料をミキサーでまぜ、グラスに入れる。好みでミントの葉を飾る。

＋氷

フローズンカクテル

シャリシャリの食感は真夏の夜のデザートに

＋カシスリキュール

キール

カシスの香りが広がる品のいい甘さ

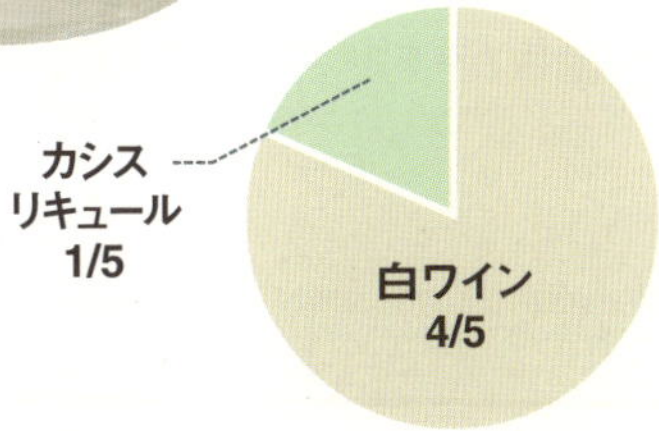

つくり方

冷やしておいた材料をグラスに注ぎ、軽くまぜる。

＋レモネード

アメリカンレモネード

ワインとレモネードの二層がおしゃれな演出

つくり方

ワイン以外の材料をグラスに入れてまぜる。上から静かにワインを注ぐ。まざらないようスプーンの背を伝わらせるといい。

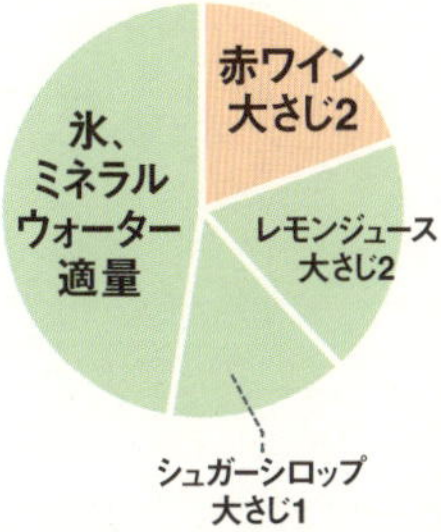

ポイント

シュガーシロップは、グラニュー糖と水を1：7で火にかけて溶かしたもの。

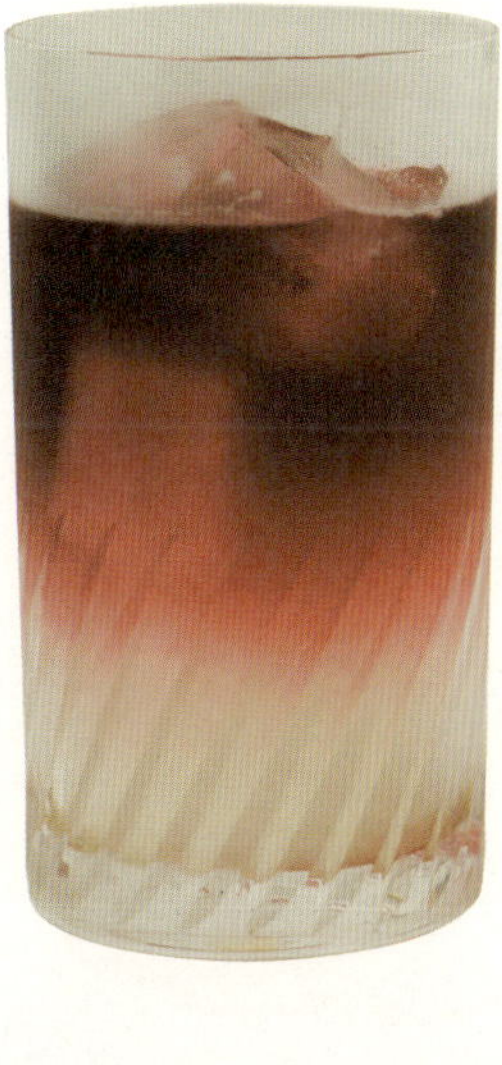

【シャンパンベース】繊細で華々しい泡は乾杯カクテルにぴったり

シャンパンの他に手頃なスパークリング・ワインを使ってもおいしく飲めます。材料もグラスも十分冷やしておくのがコツ。

＋オレンジジュース

ミモザ

ミモザの花色に似た可憐なカクテル

つくり方

冷やしておいたグラスに注ぎ、軽くまぜる。

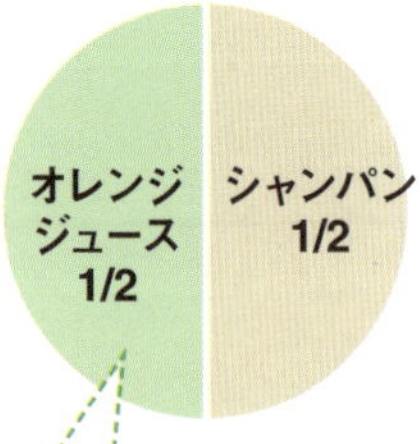

ジュースをアレンジ

＋ピーチネクター

ベリーニ

甘い香りの桃色カクテル

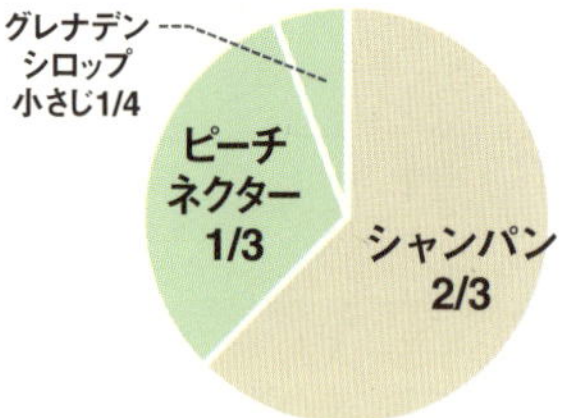

＋グレープフルーツジュース

ティッツィアーノ

日曜のブランチに爽快カクテル

ポイント

レシピのシャンパンはすべて、スパークリング・ワインで代用可。

＋ミントの葉

シャンパンジュレップ

スーッと鼻に抜ける香りと
ミントのグリーンが涼やか

つくり方

グラスに氷とシャンパン以外の材料を入れ、角砂糖を溶かし、ミントの葉をつぶす。氷とシャンパンを加え、好みでミントの葉を飾る。

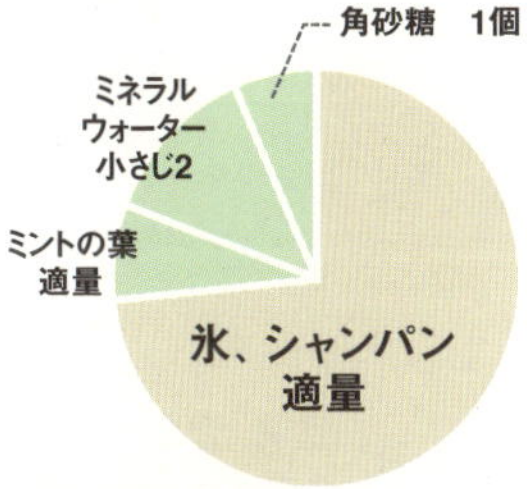

＋ビール

ブラックベルベット

ビロードという名にふさわしい
やさしいのどごし

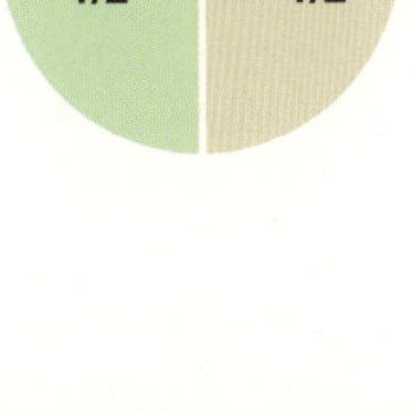

つくり方

材料をいっしょにグラスに入れ、そのまま、まぜずにできあがり。

ポイント

スタウトはアイルランドの黒ビール。ふつうの黒ビールでもOK。

pick up

組み合わせ自在なシャンパン×○○○

シャンパンは、食前酒からデザートまで
フルコースにあわせられる万能なお酒。
おいしさに加えて、華やかさもピカイチ。
そのせいか、映画などにもたびたび登場しています。

組み合わせ *1*

シャンパン × チーズ

シュワシュワとした口あたりのシャンパンには、クリーミーなチーズがぴったり。シャンパンもチーズもどちらもおいしくなる組み合わせ。

好相性といわれるのが白カビチーズのシャウルス。シャンパンと同じシャンパーニュ地方産。

組み合わせ *2*

シャンパン × フルーツ

シャンパンといちご、シャンパンと桃、シャンパンとオレンジなど、フルーツをつまみながら飲んだり、P.52のようにジュースと割ってもおいしい。

組み合わせ *3*

シャンパン × 映画

『プリティ・ウーマン』『昼下がりの情事』『カサブランカ』『タイタニック』『ニキータ』……。シャンパンが登場する映画は数え切れないほど。銘柄などに意味を含ませているケースもある。注目するとおもしろい。

写真提供：オーダーチーズ・ドットコム

Part 2

基本のぶどう
7種の味を知ろう

――品種別のワイン解説――

ワインがわかりにくいのは、あまりにも種類が多すぎること。
初心者は、まずワインに使われる代表的な
ぶどう7種類を覚えて、それぞれのワインを飲んでみることです。
味の違い、自分の好みなどがわかれば、
混沌としたワインの世界がクリアになってきます。

7つの品種を知れば好みのワインを探し出せる

ワインの個性を決める4つの要素

1 ぶどう品種

どの種類を使うか、ブレンドするかしないかによって、味も香りも異なる。

最重要ポイント!
7品種（左）をインプットすればOK。

2 生産地

同じ品種でも、育つ土壌や環境が異なると果実の出来、ワインの出来が違う。

3 つくり手

同じ品種、産地でも、醸造家の感性や方針によって味わいに個性がでる。

4 ヴィンテージ

その年の天候によってぶどうの出来、ワインの出来が左右される。

ワインを選ぶときは品種を手がかりに

「ワインの世界は知識がないとむずかしい」と思う人も多いでしょう。聞き慣れないカタカナの品種名や地名が混在しているのが一因かも。

しかし、ややこしく思えるワインの世界も、じつは上の4要素で分類できます。ワインを日本のお米に置き換えてみると、「コシヒカリ（品種）。とくに、新潟県魚沼産（産地）で鈴木農家（つくり手）の新米（ヴィンテージ）が食べたい」。わかりやすいでしょう。

4つの要素でいちばん大切なのが「ぶどう品種」。数十種もの品種がありますが、レストランやお店でみかけるのはせいぜい10種ほど。

これを意識して飲み比べれば、どの品種がどんな味わいか、自分はなにが好きか、はっきりしてきます。

好みの味をみつける方法

1 ぶどうの品種を飲み比べ

単一の品種でつくられたワインを飲み比べ、好きな品種をみつける。同価格帯のもので比べるのがコツ。

さらに詳しく知るには……

2 産地やつくり手を飲み比べ

気に入った品種で産地が違う同価格帯のワインを飲み比べる。すると、産地の個性がわかってくる。つくり手や価格だけをかえて飲み比べてもおもしろい。

フランスワインはラベルに品種名がない

フランスなどのワインは品種名が表示されていないことが多い。産地ごとに指定品種が決まっていて、産地名から品種を推測できるから。各産地がどの品種を使うのかはPart4の産地紹介をチェック！

基本のぶどう7種

赤

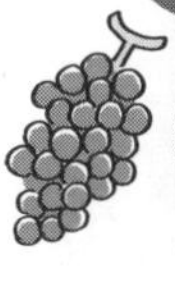

カベルネ・ソーヴィニヨン種
Cabernet Sauvignon
➡P.58へ

ピノ・ノワール種
Pinot Noir
➡P.60へ

メルロ種
Merlot
➡P.62へ

シラー種
Syrah
➡P.64へ

白

シャルドネ種
Chardonnay
➡P.66へ

ソーヴィニヨン・ブラン種
Sauvignon Blanc
➡P.68へ

リースリング種
Riesling
➡P.70へ

Cabernet Sauvignon

赤ワイン用ぶどう

カベルネ・ソーヴィニヨン

どんなワイン？

色が濃くて、渋味のある〝赤ワインらしい〟味わい

味わい *taste*

独特の渋味とバランスのとれた酸味がある。重みのあるどっしりした味わい。

色 *color*

濃く、青みの強い赤色。熟成につれてガーネット色にかわる。

香り *aroma*

カシスやチョコレート、ラズベリー、えんぴつの削りカスなどにたとえられる。

おもな産地

フランス・ボルドー地方、カリフォルニア

オーストラリア、チリ、南アフリカ

産地によって、風味や力強さがどう違うか飲み比べてみよう。

高級ワインの原料となる人気のぶどう

「赤ワインといえばカベルネ・ソーヴィニヨン」といえるほど、赤ワインの原料としてメジャーな品種。たんに〝カベルネ〟と呼ばれることもあります。渋味や苦味と酸がバランスよく保たれ、ワインの味わいにしっかりとした骨格をつくります。

カベルネが有名なのは、フランス・ボルドー地方の赤ワインの原料になっているから。フランスをお手本にする世界各国がこの品種を栽培し、香り豊かな高級赤ワインをつくっています。

ボルドーではブレンドに使われますが、他の産地ではカベルネだけでつくられたワインがたくさんあります。まずは、カベルネの味わいを堪能し、産地による味の違いをさぐってみましょう。

こんな
ワインで
特徴を知る

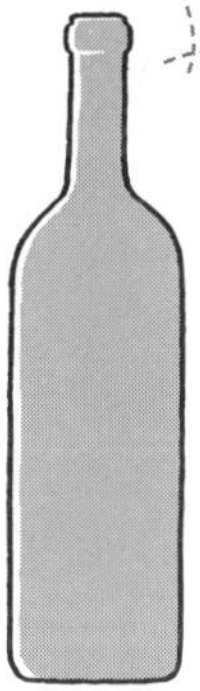

カリフォルニアやチリのカベルネ100%ワイン。カベルネそのものの味がわかりやすい（P.146、P.148へ）。

×

たとえば
このチーズと!

ロックフォール
フランス産の青カビチーズ

チーズのミルキーさが、カベルネの渋味を和らげる。他の青カビチーズもオススメ。

ブレンドによって広がる味わい

フランスなどでは、他のぶどう品種とブレンドして、よりバランスのとれたワインをつくっている。

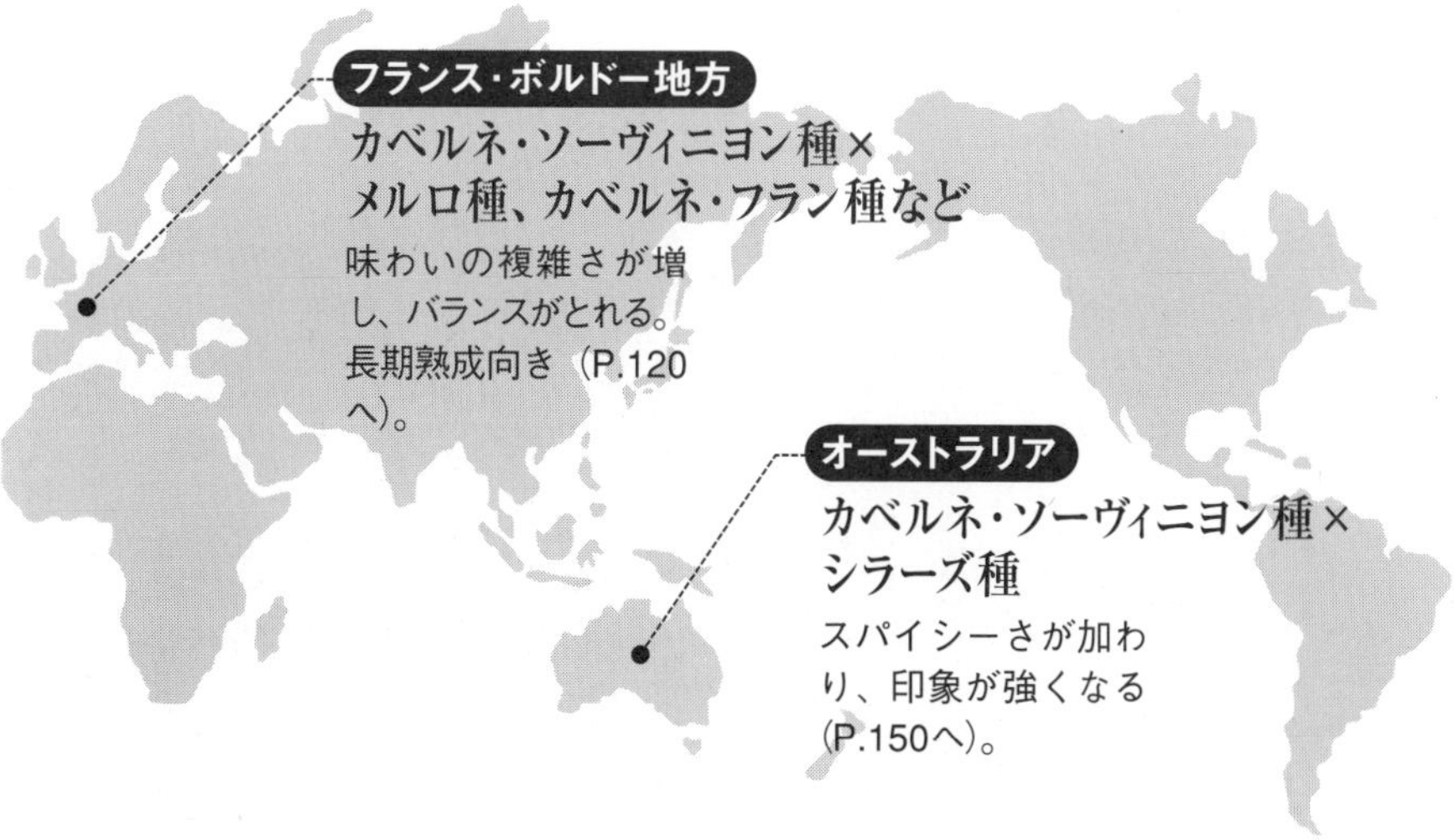

フランス・ボルドー地方

カベルネ・ソーヴィニヨン種×メルロ種、カベルネ・フラン種など

味わいの複雑さが増し、バランスがとれる。長期熟成向き（P.120へ）。

オーストラリア

カベルネ・ソーヴィニヨン種×シラーズ種

スパイシーさが加わり、印象が強くなる（P.150へ）。

 写真提供：オーダーチーズ・ドットコム

赤ワイン用
ぶどう

ピノ・ノワール

Pinot Noir

どんなワイン?

華やかな果実味。豊かな香りが立ち上る

味わい *taste*
酸味と果実味が強い。土壌や気候によって重めのワインから軽めまでいろいろ。

色 *color*
深みと透明感のある明るい紅色。

香り *aroma*
いちごやチェリーなどの果物や、きのこ、腐葉土など土系の香りにたとえられる。

おもな産地

フランス・ブルゴーニュ地方、カリフォルニア

ドイツ(異名:シュペート・ブルグンダー)、**イタリア**(異名:ピノ・ネロ)

産地の土壌の違いが、ワインの風味の違いになる。同じブルゴーニュ地方でも、村ごと、畑ごとに違いがでる。

カベルネと人気を二分する

一度は味わってみたい高名な最高級ワイン「ロマネ・コンティ」。その原料が、ピノ・ノワール種です。

カベルネ・ソーヴィニヨン種がボルドー地方を代表するなら、ピノ・ノワール種はブルゴーニュ地方の代表。渋味が少なめで果実味が強い、魅惑的な味わいと香りを生み出します。

ただ、お気に召す土壌で育てないとうまく実らないという気むずかしさも。フランス以外で「これぞピノ・ノワール!」といえる成功例は、カリフォルニアなどごく一部だといわれるほどです。

この品種は、シャンパンや高級スパークリング・ワインの原料に加えられ、香りや風味を引き立てる重要な役割を担っています。

たとえば
このチーズと!

エポワス
フランス産のウォッシュチーズ

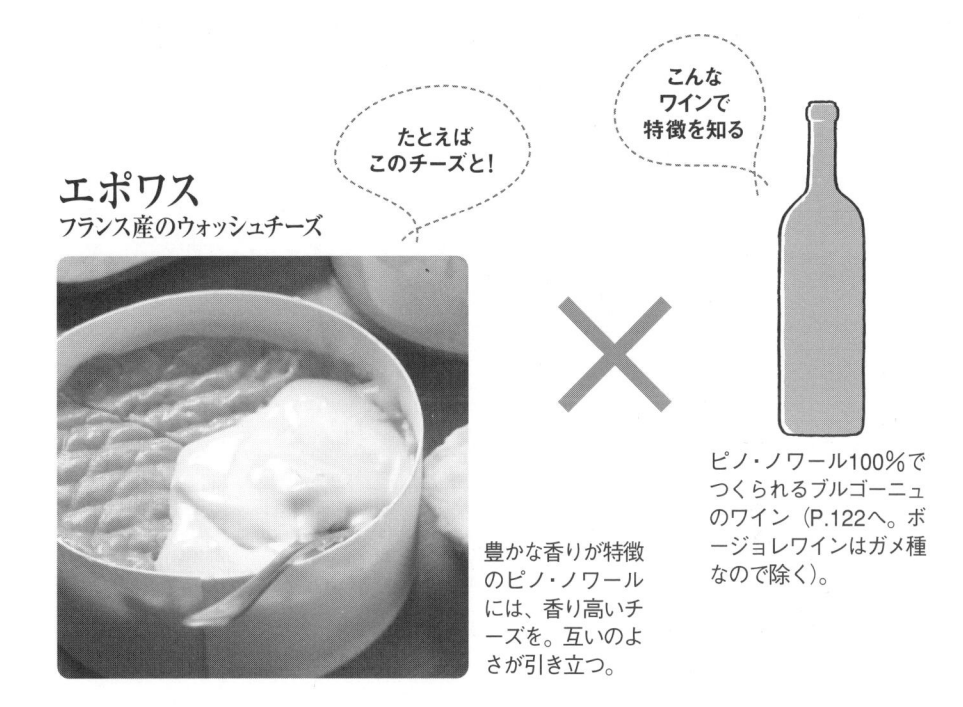

豊かな香りが特徴のピノ・ノワールには、香り高いチーズを。互いのよさが引き立つ。

こんな
ワインで
特徴を知る

ピノ・ノワール100%でつくられるブルゴーニュのワイン（P.122へ。ボージョレワインはガメ種なので除く）。

やせた畑ほど深い味わいに

栄養の少ない畑では、ぶどうは養分を求めて深く根を伸ばす。
結果、さまざまな地層の栄養と複雑な風味を身につける。

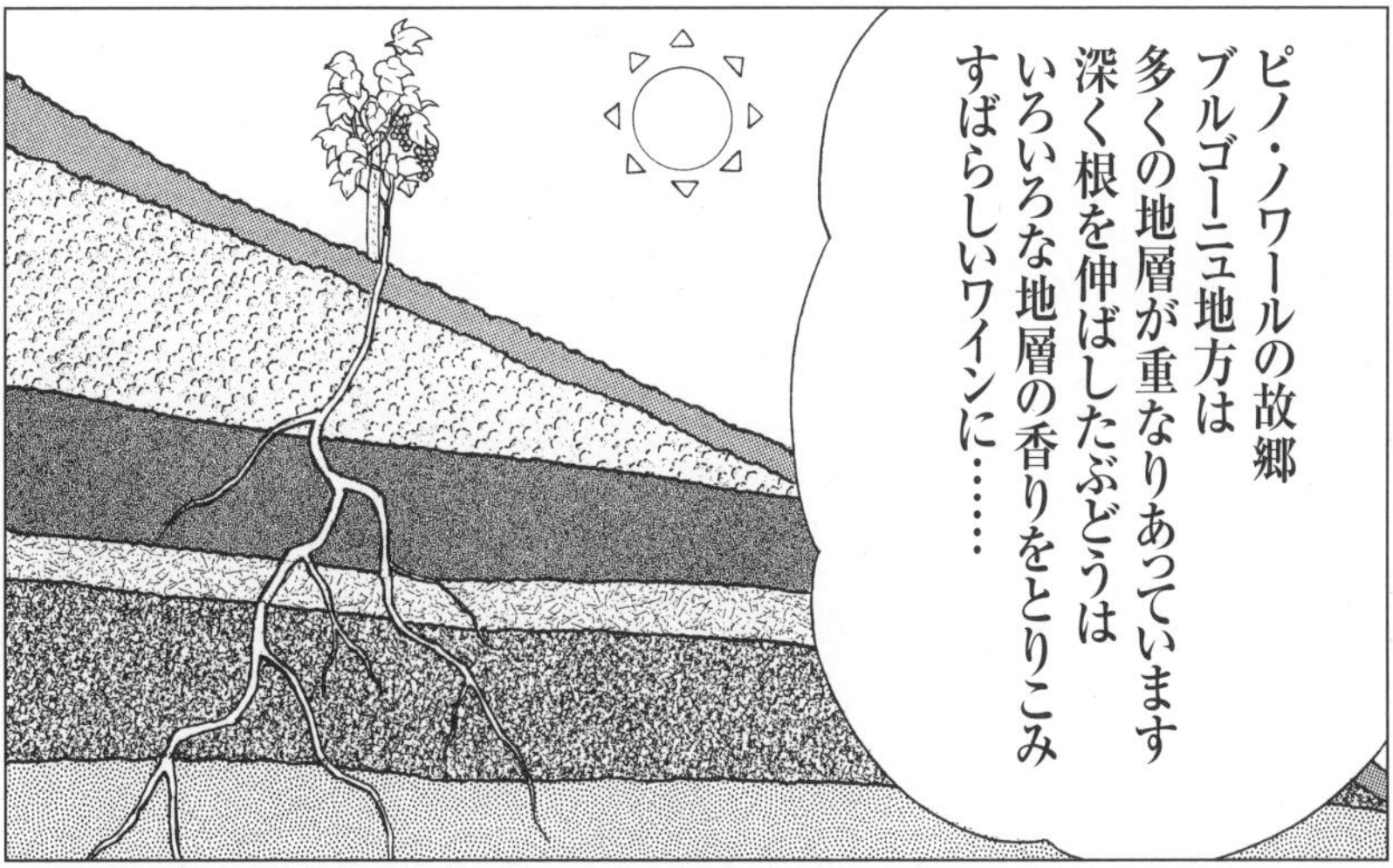
ピノ・ノワールの故郷
ブルゴーニュ地方は
多くの地層が重なりあっています
深く根を伸ばしたぶどうは
いろいろな地層の香りをとりこみ
すばらしいワインに……

 写真提供：オーダーチーズ・ドットコム

Merlot

どんなワイン?

メルロ

しなやかでコクのある リラックスした赤になる

味わい
taste
コクのあるやわらかな口あたりが特徴。やや重みもある。

色
color
濃い赤色。熟成につれて、レンガ色にかわっていく。

香り
aroma
カベルネ・ソーヴィニヨン種に似ている。プラムのような香りも感じられる。

おもな産地

フランス・ボルドー地方

カリフォルニア、南アフリカ

日本でも、メルロ種の栽培は増えてきている。ぜひ国産メルロ種のワインも試してみたい。

渋味は少なめ。初心者にもオススメ

フランス・ボルドー地方では、高級赤ワインのブレンド品種として用いられています。

メルロ種は、タンニンが少なめ。ワインはビロードのようにまろやかな舌ざわりに。そのため、たとえば力強いカベルネ・ソーヴィニヨン種とブレンドすることで、濃厚なのにまろやかなワインに仕上げることができます。ブレンドの割合で、赤ワインのタイプが決まるのです。

ブレンド品種といっても、二番手に甘んじているわけではありません。メルロのやわらかいのどごしは人気が高く、日本を含め世界各国で、盛んに単一品種での赤ワインづくりが行われています。高級感があるのに気軽な飲み口。ホームパーティなどで選んでみては?

こんな
ワインで
特徴を知る

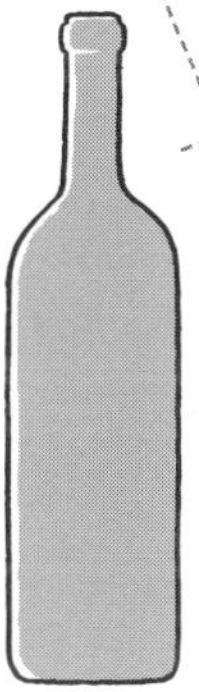

カリフォルニアのメルロ100%ワイン。ボルドー地方のポムロール地区もメルロ種のブレンド率が高い（P.121へ）。

たとえば
このチーズと!

ミモレット

オランダなどでつくられるハードチーズ

まろやかでコクのあるワインには、ミルクの風味が凝縮したタイプを。コンテ（P.67へ）などもオススメ。

一気に品種名ワインを飲み比べ

一度に何種類も試すには、軍資金と酒量が必要。ワインスクールでもできるが、数人でワインをもちよる“自宅飲み”が気楽でいい。手頃な価格で各品種をそろえたシリーズものが便利。

飲み残しが心配な人は、飲みかけワインの保存法（P.104）へ。

オススメシリーズ

コノスル
（チリ）

品種別のヴァラエタルシリーズは1本1000円ほど。約10種。

イエローテイル
（オーストラリア）

コンビニなどで購入可能なデイリーワイン。1本1000円前後。

 写真提供：オーダーチーズ・ドットコム

赤ワイン用
ぶどう

Syrah

シラー（シラーズ）

スパイシーな香りを放つ 濃厚な赤に仕上がる

どんなワイン？

味わい
taste

しっかりとした重みがあり、豊かな果実味がある。骨太な味わい。

色
color

黒みがかった赤色。赤紫がかっていることも。

香り
aroma

ラズベリーなど果物の風味、香辛料のスパイシーな香りにたとえられる。

おもな産地

フランス・ローヌ地方

オーストラリア、カリフォルニア

ローヌ産のワインと、オーストラリア産のワインでは、風味に大きな違いがある。

ローヌとオーストラリアが二大産地

シラーは、世界中で人気が高まっている、〝ぶどうの王子様〟。

もともとはフランス・ローヌ地方の高級赤ワインの原料。とくに北部ローヌでは、この品種だけで赤ワインがつくられています。その風味はちょっとスパイシー。優美で濃厚な味わいです。

故郷ローヌの赤ワインもさることながら、この品種のワインで広く名が知られているのが、オーストラリアです。この国では、シラーはシラーズと呼ばれています。同じ品種ですが、太陽の国オーストラリアの赤ワインには、糖蜜のような風味が加わっています。

その他カリフォルニアや南アフリカ、チリなどでも、高い品質のシラー・ワインがつくられています。

たとえば
このチーズと!

ゴーダ

オランダのハードチーズ

クリーミーで甘みを含んだやさしいチーズの味わいに、ワインのスパイシーさがインパクトをつける。

×

こんな
ワインで
特徴を知る

フランスの「クローズ・エルミタージュ」、オーストラリアの品種名ワイン（P.150へ）。

じっくり楽しみたい ふたつの香り

グラスに注いだワインは、香水のように、
時間とともに香りが変化していく。
違いを意識すると楽しい。

ブーケ

熟成によって生まれる香り。ワインが空気とふれることで立ち上る。

例

枯れ葉、紅茶、腐葉土、きのこ、タバコ、鉛筆、なめし皮、白カビ、干し草、ドライフルーツ、バニラなど

アロマ

ぶどうがもともともっている香り。注いだばかりのグラスから立ち上る。

例

果実の香り／ラズベリー、カシス、いちご、ライム、レモン、りんご、パイナップルなど

野菜・ハーブの香り／ピーマン、ミント、バジル、レモングラスなど

花の香り／スミレ、バラ、ライラック、ユリなど

スパイスの香り／丁字、甘草など

写真提供：オーダーチーズ・ドットコム

Chardonnay

どんな
ワイン?

シャルドネ

〝キリリ〟にも〝まったり〟にも変身自在

味わい
taste
酸味とコクのバランスがいい。キレ味の鋭いものからソフトでコクのあるものまでさまざま。

色
color
無色に近いものから、琥珀色のものまでさまざま。

香り
aroma
レモンやりんごのような果実の香り、バニラやナッツなどの香りにたとえられる。

● おもな産地 ●

フランス・ブルゴーニュ地方、カリフォルニア

オーストラリア、チリ、南アフリカ

産地による違いだけでなく、つくり手の違いや、できたワインの熟成度によっても、大きく風味がかわる。

どこでも上手に育つニュートラルな性格

シャルドネ種の故郷は、フランス・ブルゴーニュ地方。この地の白ワイン原料の代表が、シャルドネ種です。有名な白ワインであるシャブリやモンラッシェなどが、この品種からつくられています。

できあがった白ワインは、はっきりした風味をもつのに、シャルドネ種自体は個性に乏しいニュートラルな性格をしています。風味や香りが匂い立つのは熟成によるもの。その熟成の方法によって、それぞれ独特の風味が生まれてくるのです。

同じブルゴーニュを代表する品種である気むずかしいピノ・ノワール種と違い、シャルドネは育つ環境をあまり選びません。そのため世界各国で盛んに栽培され、多くの高級白ワインがつくられています。

こんな
ワインで
特徴を知る

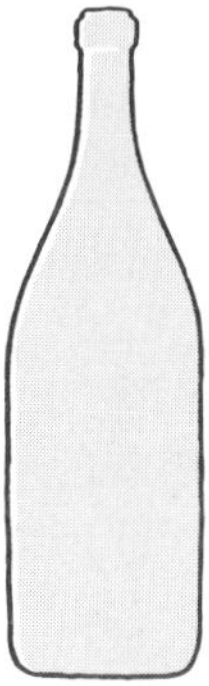

フランスの「シャブリ」(P.122へ)。カリフォルニアの品種名ワインは濃厚な味わいのものが多い（P. 146へ)。

たとえば
このチーズと！

コンテ

フランス産ハードチーズ

ミルクやナッツの風味が強いチーズといいカップルに。グリュイエールチーズもオススメ。

木樽で熟成

樽（おもにオーク樽）で熟成されるワインは高級品。白ワインは数ヵ月、赤ワインなら1、2年寝かされる。まろやかさや風味が増す。

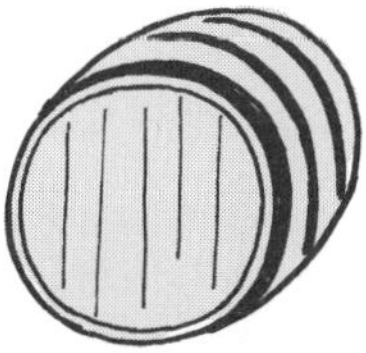

熟成の方法で
ガラリと味が変化

醸造技術が進み
殺菌装置のついた
ステンレスタンクも
でてきた

ステンレスタンクで熟成

木樽に比べて、低コストで管理しやすい。樽の風味が移らない反面、クリアな味わいになる。

写真提供：オーダーチーズ・ドットコム

Sauvignon Blanc

ソーヴィニヨン・ブラン

どんなワイン？

若草の香りが漂う爽快な味わいの白に

味わい *taste*

ほどよい酸味があり、フルーティ。基本的に軽い味わい。辛口から甘口まで。

色 *color*

少し青みがかった淡い黄色が多い。

香り *aroma*

植物系の青々とした香り。さわやかさに加え、燻したようなスモーキーな香りも。

おもな産地

フランス・ロワール地方、フランス・ボルドー地方

ニュージーランド、チリ、カリフォルニア（別名：フュメ・ブランなど）

ニュージーランドのとくにマールボロ地区のワインが高評価。ロワール地方産との違いを飲み比べてみたい。

しっかりした個性が注目と人気を集めている

ワインのつくり方で何色にでも染まるニュートラルなシャルドネと対照的に、もともとても個性的な味わいをもっている白ワイン原料が、ソーヴィニヨン・ブランです。

その香りは、刈ったばかりの芝生の香りとか、麦わらの香りなど、さまざまに表現されています。いうなれば、緑が香るぶどうなのです。

もうひとつの特徴は、煙っぽい燻したような香りがあること。

この品種の個性を愛する人はとても多く、世界中で栽培されていますが、もっとも成功しているのがニュージーランド。ボルドーでは、セミヨン種とブレンドしますが、ここでは単一品種で白ワインがつくられ、そのはつらつとしたさわやかな風味は、世界中で絶賛されています。

たとえば
このチーズと!

サントモール・ドゥ・トゥーレーヌ
フランス産シェーブルチーズ

ワインがもつ若草の香りと、シェーブルのハーブに似た香りがぴったり。

こんな
ワインで
特徴を知る

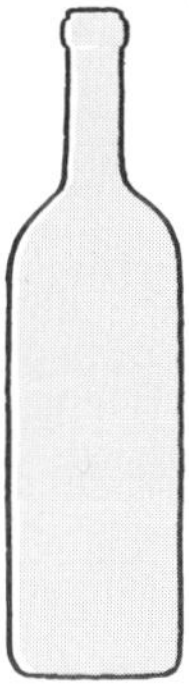

ロワール地方の「プイィ・フュメ」(P.127へ)。ニュージーランドの品種名ワイン(P.152へ)。

季節にあった飲み物をセレクト

冬

濃厚な赤ワインをじっくりと飲むのにいい季節。温めてホットワインにしてもいい。

夏

辛口の白ワイン、軽い赤ワインなど、あっさりしてゴクゴク飲めるタイプがちょうどいい。

 写真提供:オーダーチーズ・ドットコム

白ワイン用
ぶどう

Riesling

リースリング

フルーティでいきいきとした白になる

どんなワイン？

味わい *taste*

辛口から極甘口、スパークリングタイプまでさまざま。いずれもフルーティ。

色 *color*

多くは、淡い黄色。貴腐ワインは濃い色になる。

香り *aroma*

花やりんご、柑橘系の香りにたとえられる。熟成につれて複雑に。

おもな産地

ドイツ、フランス・アルザス地方

オーストラリア、ニュージーランド

産地によってアルコール度に違いがでる。ドイツでは8～9度、オーストラリアでは12～13度が一般的。

甘口タイプはワイン入門者にオススメ

リースリングは世界中で栽培されています。原産地は、ドイツ。ほんのり甘口で知られるドイツの白ワイン。その口あたりは、このぶどうから醸し出されるものです。

甘口といっても、柑橘類の白い花のような香りをもつ、さわやかさがあります。そして、とてもフルーティなのが大きな特徴です。アルコール類が得意ではない、ワインの経験もあまりないという初心者も、安心して楽しめます。

アイスワインや貴腐ワインのように、超甘口もあるし、「甘口はどうも……」という人には辛口もあります。すっきりタイプ、キリリとしたタイプなど、バラエティに富んでいるので、あれこれ試してみるのも楽しいものです。

こんな
ワインで
特徴を知る

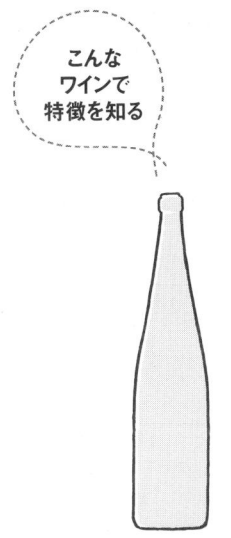

ドイツやフランスの品種名ワイン（P.126、P.136へ）。甘口と辛口を飲み比べて。

たとえば
このチーズと！

リコッタチーズ
イタリア産フレッシュチーズ

フレッシュでフルーティなワインには、ミルキーで軽めのチーズが好相性。

アルコール度も高くない

白ワインの発酵時に、比較的低温の段階で発酵を止めると、ぶどうの糖分が残ってやや甘口になる（特殊な製法を除く）。さらに、アルコール度も高くならず、飲みやすい。ドイツのワインに多いタイプ。

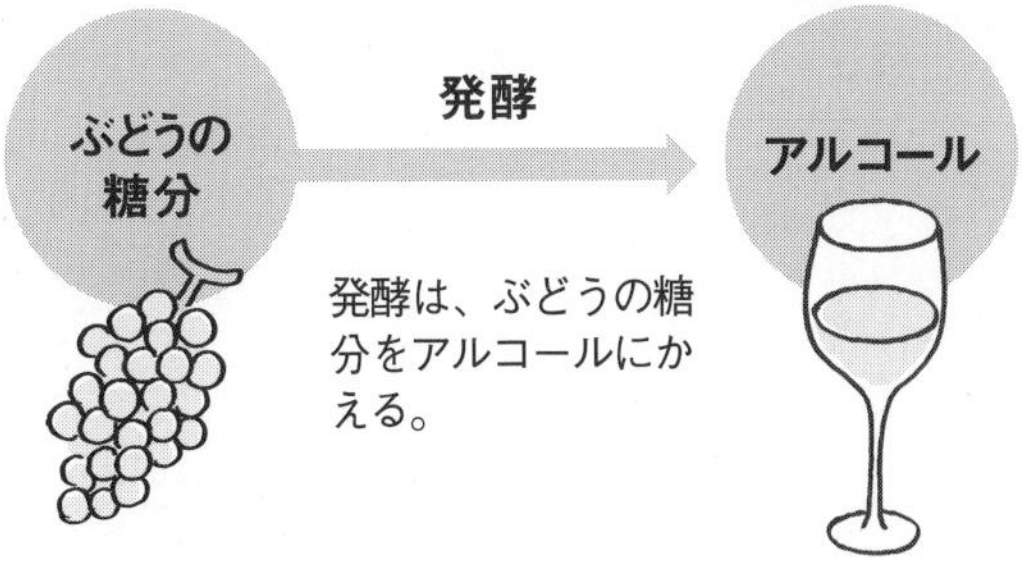

発酵は、ぶどうの糖分をアルコールにかえる。

 写真提供：オーダーチーズ・ドットコム

黒ぶどう

赤ワイン選びに役立てたい その他のぶどう品種

イタリアやスペインの主要品種も知っておきたい。各国の料理に同じ国のワインを組み合わせてみましょう。

グルナッシュ Grenache

どんなワイン？ ねっとり グロッシーな味わい

アルコール度の高いワインができ、辛口でもまろやかな甘みを感じさせる。おもに、他品種とのブレンドワインに。

おもな産地

フランス・ローヌ地方や南部
スペイン（別名：ガルナッチャ）
イタリア（別名：カンノーナウ）
オーストラリア

香り aroma
ベリー系の果実やジャム、レーズン、チョコレート、こしょうなど。

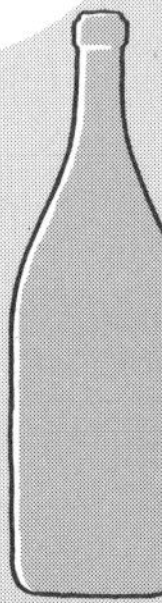

こんなワインでチェック！
フランス・ローヌ地方の「ジゴンダス」「シャトーヌフ・デュ・パプ」（P.126）。ブレンド率が高い。

ガメ Gamay

どんなワイン？ 明るい色で 軽快な飲み心地

「ボージョレ・ヌーボー」をつくる品種。果実の風味が広がるフルーティなワインに。

おもな産地

フランス・ブルゴーニュ地方（ボージョレ地区）

こんなワインでチェック！
フランスの「ボージョレ」。100％ガメ種のワイン。

香り aroma
いちごやチェリー、すいかなどの果実。

カベルネ・フラン
Cabernet Franc

どんなワイン？ 控えめな渋味や酸味でやわらかい

ボルドー地方で、カベルネ・ソーヴィニヨン種やメルロ種などとブレンドされる品種。華やかな香りや味わいで深みが増す。

おもな産地

フランス・ボルドー地方やロワール地方
（別名：ブーシェ、ブレトン）

こんなワインでチェック！

フランス・ロワール地方の「シノン」（P.127）。単一品種なので特徴をつかみやすい。

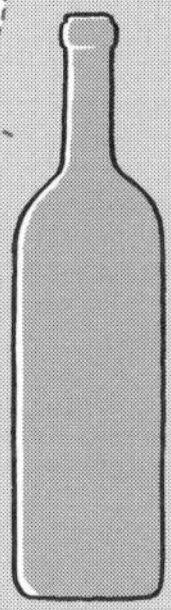

香り aroma

スミレ、ベリー系の果実、青草など。

サンジョヴェーゼ
Sangiovese

どんなワイン？ 酸味のある長期熟成タイプ

イタリアを代表する品種で、酸味のある赤ワインができる。パスタやピザなどのイタメシにぴったりの味わい。

おもな産地

イタリア・トスカーナ州

香り aroma

果実、ドライフルーツ、香辛料、ハーブなどさまざま。

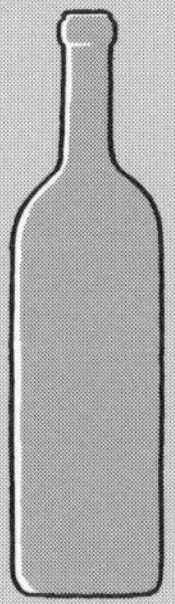

こんなワインでチェック！

イタリアの「キャンティ」（P.128）。キャンティ・クラッシコ（Classico）の銘柄を選ぶといい。

ネッビオーロ
Nebbiolo

こんなワインでチェック!

イタリアの「バローロ」(P.128)や「バルバレスコ」。酸味と渋味が強く、濃厚。

どんなワイン? カベルネ以上に骨太な長期熟成タイプ

イタリアの高級ワインをつくる品種。長期熟成に向いている。力強く濃厚で、深い香りのワインになる。

おもな産地

イタリア・ピエモンテ州

香り aroma

スミレやバラ、タール、ハーブなど。

テンプラニーリョ
Tempranillo

香り aroma

熟成にともなって、花のような香り。

どんなワイン? バランスがよくまろやか

おだやかな渋味で、豊かな香りのワインに。スペインの各地で栽培される人気品種。地域によって呼び名がかわる。

おもな産地

スペイン
(別名:ティント・フィノ、センシベル、ウリュ・デ・リェブレなど)

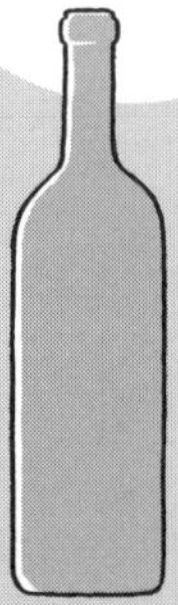

こんなワインでチェック!

スペインのワイン。まずはリオハ地区のものから。

マルベック
Malbec

どんなワイン？ たくましい赤ワイン

しっかりとした長期熟成タイプの赤ワインができる。アルゼンチンでポピュラーな品種。

おもな産地

フランス南西部
（別名：オーセロワ、コット）
アルゼンチン

香り *aroma*
スミレの花、ハーブなど。

こんなワインでチェック！

アルゼンチンの品種名ワイン。フランスの「カオール」。

ジンファンデル
zinfandel

どんなワイン？ フルーティな赤やロゼに

シンプルで軽いものから、果実味が凝縮した力強いものまでさまざま。ブラッシュワインという淡い色のロゼもできる。

おもな産地

カリフォルニア

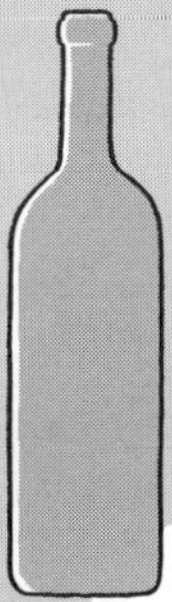

こんなワインでチェック！

カリフォルニアの品種名ワインや「ブラッシュワイン」。

香り *aroma*
ベリー系の果実など。

白ぶどう

白ワイン選びに役立てたい その他のぶどう品種

ブレンドによく使われる品種も覚えておくと役立ちます。白ワインを飲むときは香りを頼りに、品種を想像して。

セミヨン
sémillon

どんなワイン? 丸みがあってクリーミー

甘口でも辛口でもふくよかで甘い香りのワインができる。他の品種とブレンドされることが多く、極甘口の貴腐ワインにもなる。

おもな産地

フランス・ボルドー地方
オーストラリア

香り *aroma*
甘口ならハチミツや花、辛口なら柑橘類や植物など。

こんなワインでチェック!

フランスの「ソーテルヌ」(P.121)。これはソーヴィニヨン・ブラン種とのブレンドワイン。

ミュスカデ
Muscadet

どんなワイン? すっきりしていてフルーティ

辛口でさわやかな酸味の白ワインができる。品種名と同じ名前のワイン「ミュスカデ」もある。

おもな産地

フランス・ロワール地方
(別名:ムロン・ド・ブルゴーニュ)

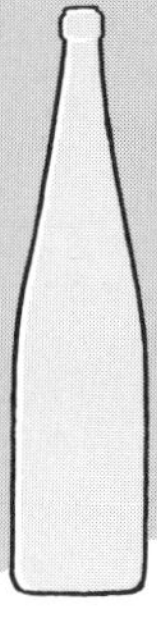

こんなワインでチェック!

フランスの「ミュスカデ」。ヴィンテージの新しいものを選ぶといい。

香り *aroma*
レモン、花など。

ゲヴェルツトラミネール
Gewürztraminer

香り aroma
ライチ、バラ、シナモン、コリアンダーなど。

どんなワイン？ ふくよかでエスニックな香り

ゲヴェルツ＝香辛料のとおり個性的な香りを放つワインができる。辛口も甘口もつくられている。

おもな産地

フランス・アルザス地方
ドイツ
（別名：ゲヴェルツトラミナー）

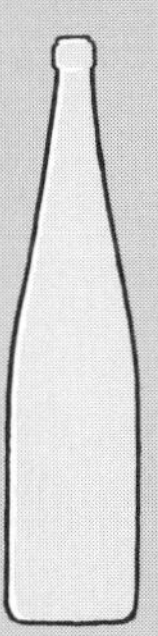

こんなワインでチェック！
アルザス地方のワイン（P.126）。リースリングと飲み比べるといい。

シュナン・ブラン
Chenin Blanc

こんなワインでチェック！
フランスの「ヴヴレー」、白の「シノン」。南アフリカではシャルドネ種とのブレンドも。

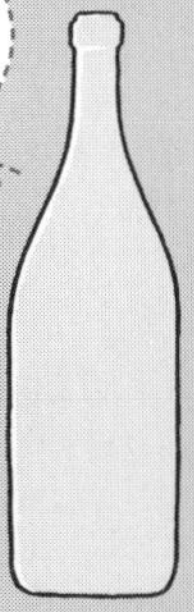

どんなワイン？ 甘くやわらかな香りの白

甘口から辛口まで多彩な白ワインができる。白ワインとしては力強さとコクがあるタイプ。

香り aroma
ハチミツ、すもも、ライム、（南アフリカでは）パッションフルーツなど。

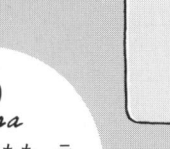

おもな産地

フランス・ロワール地方
南アフリカ（別名：スティーン）

ミュスカ
Muscat

どんなワイン? ぶどうそのものの味わい

果実そのままのフルーティなワインができる。辛口〜甘口（酒精強化ワインも）まで。この品種は各地に多くの変種がある。

おもな産地

フランス・アルザス地方や南部
イタリア（別名：モスカート）

香り *aroma*

マスカット、酒精強化ワインだとレーズンの香りも。

こんなワインでチェック!

アルザス地方の品種名ワイン。

ヴィオニエ
Viognier

どんなワイン? 香水のように香り高い

辛口でコクのあるワインができる。繊細な香りと飲んだあとの余韻が印象的な味わい。

おもな産地

フランス・ローヌ地方や南部
カリフォルニア

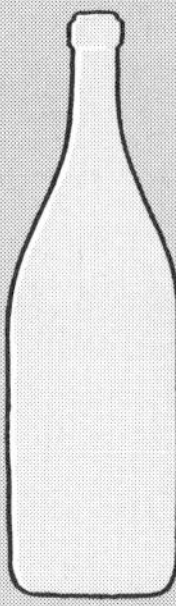

こんなワインでチェック!

フランスの「コンドリュー」やフランス南部の品種名ワイン。

香り *aroma*

ジャスミン、フリージア、ユリなどの花、白こしょうなど。

ピノ・グリ
Pinot Gris

どんなワイン? トロリとみずみずしい味わい

まろやかさとコクのあるワインができる。甘口から辛口までさまざま。

おもな産地

フランス・アルザス地方
(別名:トカイ・ダルザス)
ドイツ(別名:辛口はグラウブルグンダー、甘口はルーレンダー)
イタリア(別名:ピノ・グリージョ)

香り *aroma*

りんごや洋なしなどの果実、ジャム、アーモンド、栗など。

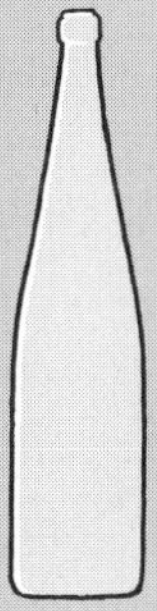

こんなワインでチェック!

アルザス地方の品種名ワイン。

甲州
Kosyu

どんなワイン? 清楚でクリーンな風味

ほのかな酸味と甘みがある。ワインづくりが本格始動したばかりで味わいのタイプはさまざま。本格的に個性をもつのはこれから。

おもな産地

日本

香り *aroma*

白桃、ゆず、植物など。

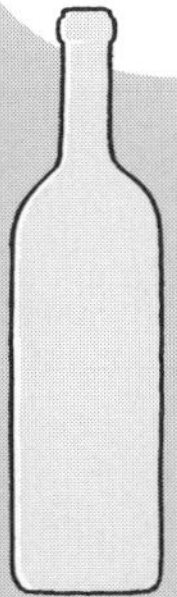

こんなワインでチェック!

日本の品種名ワイン。「シュール・リー」と書かれたものは香りとコクを高めた製法のもの。

pick up

トロリと甘〜い ワインのひみつ

デザートワインとしても、フォアグラなどの料理にあわせても
絶妙な甘口ワイン。甘いワインをつくる方法は
ひとつではありません。いろいろなタイプが輸入されているので、
キリッと冷やして飲み比べてみましょう。

ひみつ 1

アルコールの添加で 甘くなる

ぶどうの糖分は、発酵でアルコールにかわる。発酵期間中にアルコールを添加して発酵を止めることで、ぶどうそのものの糖分を残す。

代表的なワイン

ポートワイン、フランスの「ヴァン・ドゥー・ナチュレル」(有名銘柄は「バニュルス」)など。

ひみつ 2

寒さに凍えて 甘くなる

寒冷地では、寒波によって収穫時期にぶどうの房が凍ることがある。凍結すると果皮の中の糖度が高まる。凍ったまま収穫・圧搾する。

代表的なワイン

ドイツやオーストリアの「アイスヴァイン」、カナダの「アイスワイン」。

ひみつ 3

カビにおおわれて 甘くなる

ぶどうの果皮に「ボトリティス・シネレア」という細菌がつくと、ぶどうの糖度が高まる。これが貴腐ぶどう。できるワインが貴腐ワイン。

代表的なワイン

フランスの「ソーテルヌ」、ドイツの「トロッケンベーレンアウスレーゼ」、ハンガリーの「トカイ・アスー・エッセンシア」が三大貴腐ワイン。

ひみつ 4

日陰で乾燥されて 甘くなる

収穫後のぶどうを陰干しして、乾燥させる。水分が減ってぶどうの糖度が高まる。できるワインも甘くなる。

代表的なワイン

フランスの「ヴァン・ド・パイユ」。イタリアの「レチョート」「パッシート」。

Part 3

いまさら聞くのは恥ずかしいワインのQ&A

——基礎知識——

おいしく飲めれば、ややこしい知識はいらない！
とはいうものの、ちょっと気になるワインのあれやこれ……。
お店の人に聞くほどではない「？」だけれど
知っているとちょっとカッコいい。

選び方

高級品ほどおいしいの!?

うーん さすが20万円の ワインだけある

タンニンと 酸味が しっかりと そなわっていて 力強いワイン ですね
渋くて 飲みづらいん だけどな……
え?

人の評価を気にするよりも、
自分の舌に正直になろう。

選び方 1

Q 高いワインほどおいしい？

A No! 味覚や好みは人それぞれ。安くておいしいものもいっぱい

ワイン選びで案外頭を悩ませることのひとつが、値段。1本数百円のものから、目が飛び出るくらい高価なものまでさまざまあります。

値段は、味以外の要素も加わって決まります。一般的には、値段が高ければ良質ですが、正比例しておいしいというものではありません。

高級ワインは成分が凝縮しているため、飲みにくいと感じる人もいます。おいしいワインも、飲み方や飲むタイミングによって味わいがかわります。値段より、自分の舌を信じて選びましょう。

ワインの値が上がるしくみ

ワインは下のような要素により“希少性”が生まれやすい。値段は需要と供給のバランスで決まるため、希少性が高いものほど値が上がる。

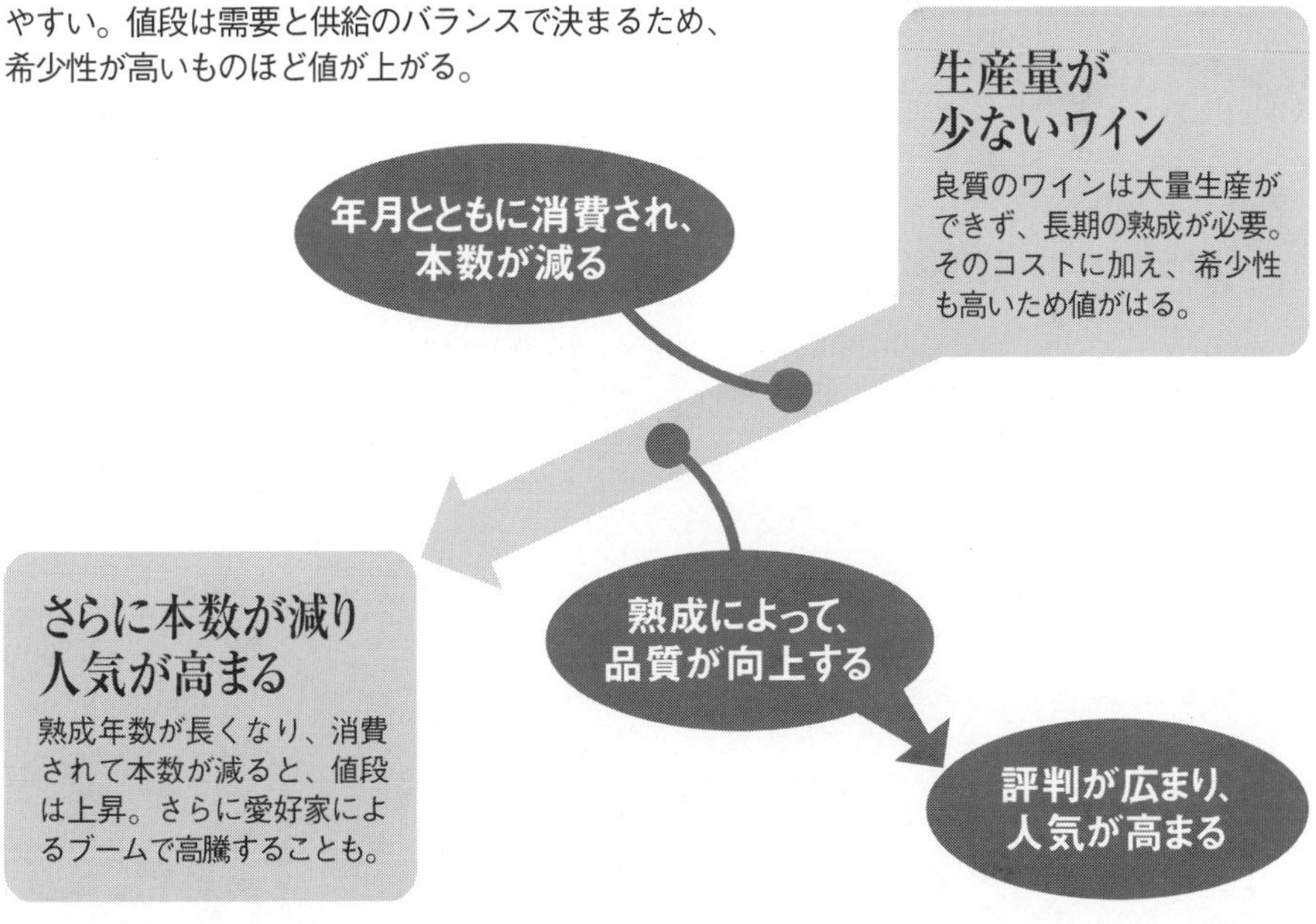
生産量が少ないワイン
良質のワインは大量生産ができず、長期の熟成が必要。そのコストに加え、希少性も高いため値がはる。
年月とともに消費され、本数が減る
熟成によって、品質が向上する
評判が広まり、人気が高まる
さらに本数が減り人気が高まる
熟成年数が長くなり、消費されて本数が減ると、値段は上昇。さらに愛好家によるブームで高騰することも。

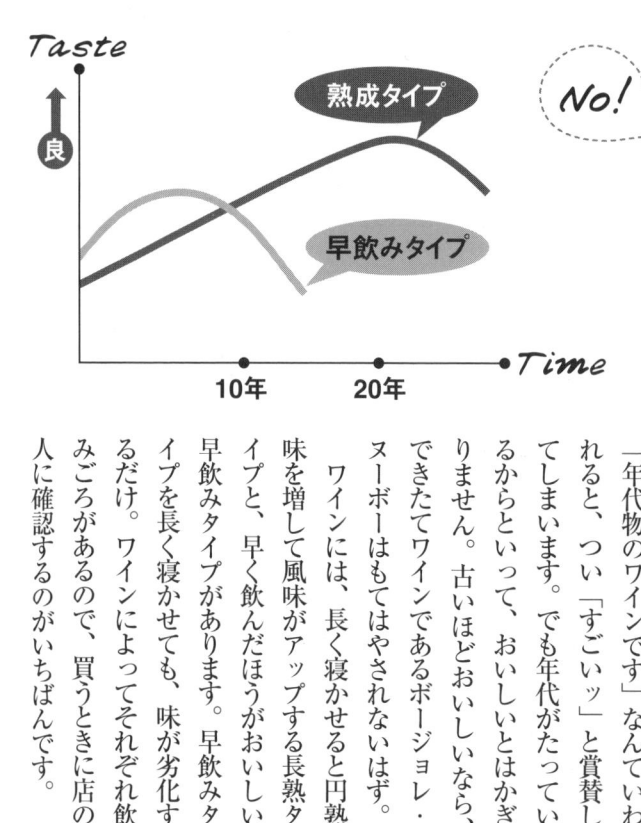

Q 古いほうがいいワイン？

A No! 早めに飲むほうがおいしいワインも

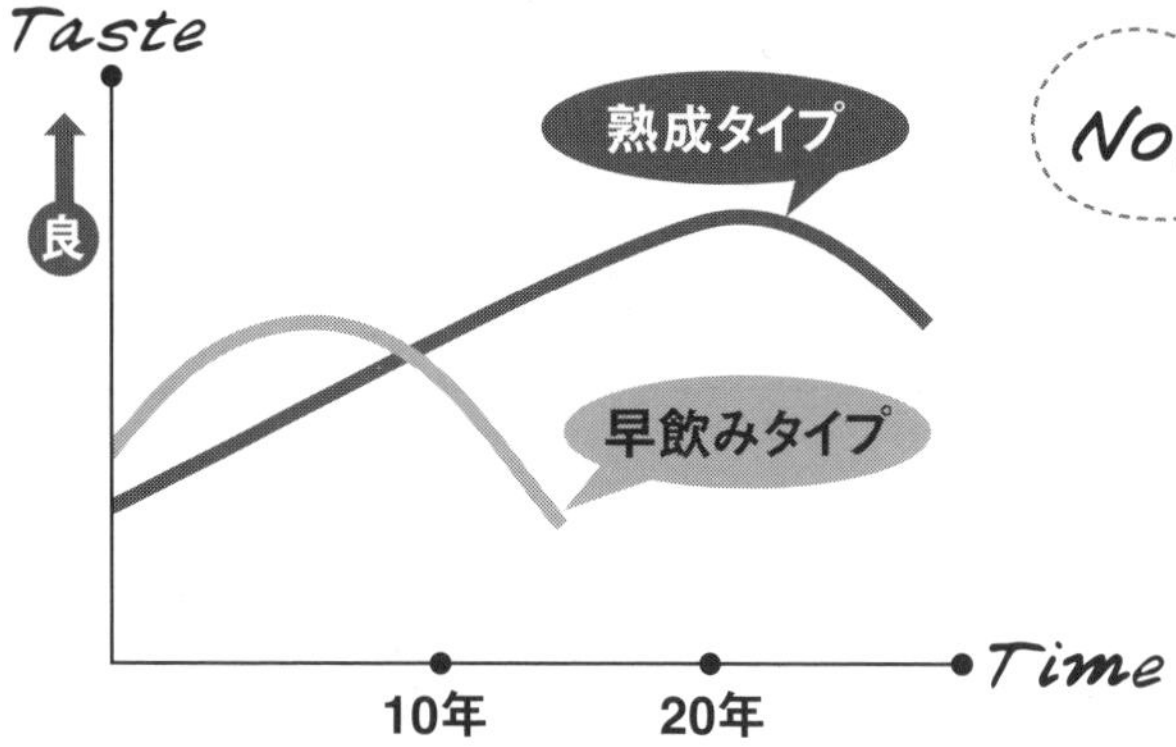

「年代物のワインです」なんていわれると、つい「すごいッ」と賞賛してしまいます。でも年代がたっているからといって、おいしいとはかぎりません。古いほどおいしいなら、できたてワインであるボージョレ・ヌーボーはもてはやされないはず。

ワインには、長く寝かせると円熟味を増して風味がアップする長熟タイプと、早く飲んだほうがおいしい早飲みタイプがあります。早飲みタイプを長く寝かせても、味が劣化するだけ。ワインによってそれぞれ飲みごろがあるので、買うときに店の人に確認するのがいちばんです。

“ヴィンテージ”が示す3つの意味

ワインの出来具合（作柄）

ワイン（＝ぶどう）の味はその年の天候に左右される。「この年のヴィンテージは～」などのいい方もされる。

熟成した年代物のワイン

樽や瓶で長く寝かされた年代物のワインを示す。「ヴィンテージワイン売り場」などの表現も。

原料のぶどうを収穫した年

ヴィンテージはもともと、原料であるぶどうが収穫された年のこと。ラベルなどに記載される。

選び方 3

Q はずれ年のワインはおいしくないの？

No!

A 飲みごろが早く、軽快でおいしいともいえる

「あたり年」「はずれ年」と、よくいわれます。これは、ぶどうの出来がよかった年、悪かった年のこと。

天候のよい日が続いたあたり年は、ぶどうがよく熟して、糖度の高い濃い風味のワインができます。

でも、「はずれ年のワインだからまずい」とはいいきれません。天候に恵まれないと酸味の強いぶどうになりますが、軽快な飲みやすいワインになり、飲みごろも早くきます。

それに、ぶどうの栽培技術や高い醸造技術によって、すばらしいワインができることも多々あります。

お天気でかわるワインの出来

あたり年

天候

よい天気が続く。チリなどのように天候に恵まれた土地は、いつもあたり年のようなもの。

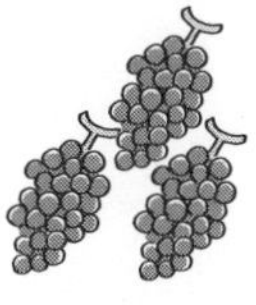

ぶどうの出来

よく熟して、糖度が高くなる。ぶどうがもつタンニン成分（渋味などをだす）も多くなる。

ワインの出来

味わいの濃厚なワインができる。熟成による味の向上が期待でき、寝かせるにつれてまろやかになる。

はずれ年

天候

ぶどうの成長期などに、天候に恵まれない日々が続く。曇りや雨が多く、不安定な天候。

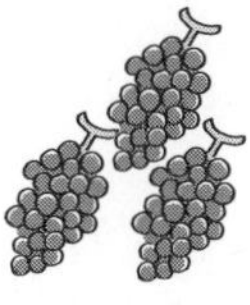

ぶどうの出来

糖度やタンニン成分は低めで、酸味の多いぶどうができる。ただ、生産者の工夫しだいでカバーできる。

ワインの出来

酸味がしっかりとした、軽快な味わいのワインができる。あたり年に比べ、短い熟成期間で飲みごろに。

選び方 4

Q カタカナばかり並ぶ表示。どれが名前なの？

A 4つのパターンを知ればわかる

「ワインの名前は覚えにくい」。そう思っている人も多いはず。第一、ラベルをみても横文字ばかりで、どれがワイン名なのかさえ、よくわからないこともあります。

ブランド名だけでなく、産地や品種がワイン名になったりもするので、少々ややこしいのですが、名づけパターンは左の4つだけ。

これらを組み合わせた、長い名称のものもよくあります。でも、産地や品種など、一部がわかればそれで十分。目立つ文字からチェックしてみましょう。

同じ名前だから同じ味とはかぎらないわたとえばメルロという名前でも……

そうね　フランスのAさんのメルロとチリのBさんのメルロは違うワインになるわ

メルロという品種名（P.62）をワイン名にしている。気に入ったワインは、銘柄の他に、つくり手や産地もメモしておきたい。

名前のつけ方は4パターン

パターン1
ぶどうの品種名

アメリカやチリなど、ヨーロッパ以外の国では、「○○カベルネ・ソーヴィニヨン」など、品種名を冠した名前をつけていることが多い。

例 **カベルネ・ソーヴィニヨン**
メルロー
シャルドネ

いずれもぶどうの品種名。詳しくはPart 2へ。

パターン2
産地名

ヨーロッパでは、生産地域や地区などの産地を名前にしていることが多い。とくにフランス・ブルゴーニュのワインにはこのパターンが多い。

例 **シャブリ**
ボージョレ

それぞれ、フランスのブルゴーニュ地方にある産地名。

キャンティ

イタリアのトスカーナ地方の赤ワイン。生産者は複数いる。

パターン3
つくり手名、ブランド名

「シャトー○○」のように、醸造元やメーカーの名前をそのままワイン名にしたり、一般商品と同じように、ブランド名をつける場合も。

例 **シャトー・マルゴー**

フランス・ボルドー地方の有名シャトーの名を冠したワイン。

ドン・ペリニヨン

フランスのモエ・エ・シャンドン社がつくるシャンパンのブランド。

パターン4
愛称

歴史上の物語や伝説、ワインづくりにまつわる逸話などを、名前の由来にしていることもよくある。イタリアやドイツによくみられる。

例 **ツェラー・シュバルツェ・カッツ**

ドイツ産の白ワイン。猫伝説（P.138へ）に由来。

選び方 5

Q 贈って喜んでもらえるワインを選ぶコツは？

A 相手がどんな人か情報を整理しておく

ホームパーティの手みやげや、お祝い、お礼の品としてワインを選びたいけど、どうしたらいいかわからない。そんなときは、ワイン売り場の人に相談するのがいちばん。

相談するときに大事なことは、予算をはっきりさせておくこと。次に、贈る目的と相手の情報です。相手がワインに詳しい人かどうか、パーティならどのような人が集まるのか、どのような料理がでるのか……。

店の人から的確なアドバイスを得るためには、買いに行くまえに、情報を整理しておくことが大切です。

飲む人の立場になったセレクトを

Step1 予算はいくらぐらい？

予算を決めて、グレードの高い1本にするか、手頃なものを複数本にするか考える。

Step2 贈る目的やシチュエーションは？

お祝いなら紅白（赤白）のセット、恋人あてならハートラベル、暑い季節ならさっぱり味を選ぶなど、心配りを。

Step3 相手はどんな人？

ワインに詳しいのか、どのような生活スタイルなのかも、ワイン選びの貴重な情報。お店のスタッフに伝えて相談を。

□ **ワインをよく飲む？**

飲む頻度や味の好みにあわせて選んでもらう。

□ **好きな料理は？**

ふだん食べている料理にあうものを選んでもらう。

インパクト＆サプライズのあるセレクト

ラベル（見た目）から選ぶ

結婚祝いならハートマーク、相手が自転車好きなら、自転車デザインが喜ばれるかも。5000mlのマグナムボトルでサプライズも。

オリジナルデザインをボトルに直接彫刻してくれるサービスを行う会社もある。記念品にぴったり。

ヴィンテージから選ぶ

還暦や誕生、結婚記念のお祝いなど、特定の年が関係している場合は、その年のヴィンテージワインを贈ると、とても印象的。

ワインは、ヴィンテージの2、3年後に市場へでる。子どもと同じ年のワインを、成人したらいっしょに飲むなんていうのも素敵。

困ったときはシャンパンを

贈り物の定番。華やかでお祝い気分を演出できる。どんな料理にもあわせやすい。

写真提供：ガラスエッチング工房『がらすの森』

選び方 6

Q いいワインショップってどんなお店ですか？

A 管理が行き届いて、専門知識をもった店員がいる

　日常の食卓で気軽に飲むなら、商品の回転率がいい、近くのスーパーに並んでいるワインでもいいでしょう。でもちょっと気取ってみたいときや、贈り物として購入したいときは、買うお店にも注意したいもの。

　お店を選ぶポイントは、ワインの管理状況。環境が悪いとワインは劣化します。最適な環境に調整したワインセラー（貯蔵庫）をそなえている店で選ぶようにしてください。

　知識が豊富な店員がいることも、大きなポイント。気軽に相談できるようになれたら、いうことなし。

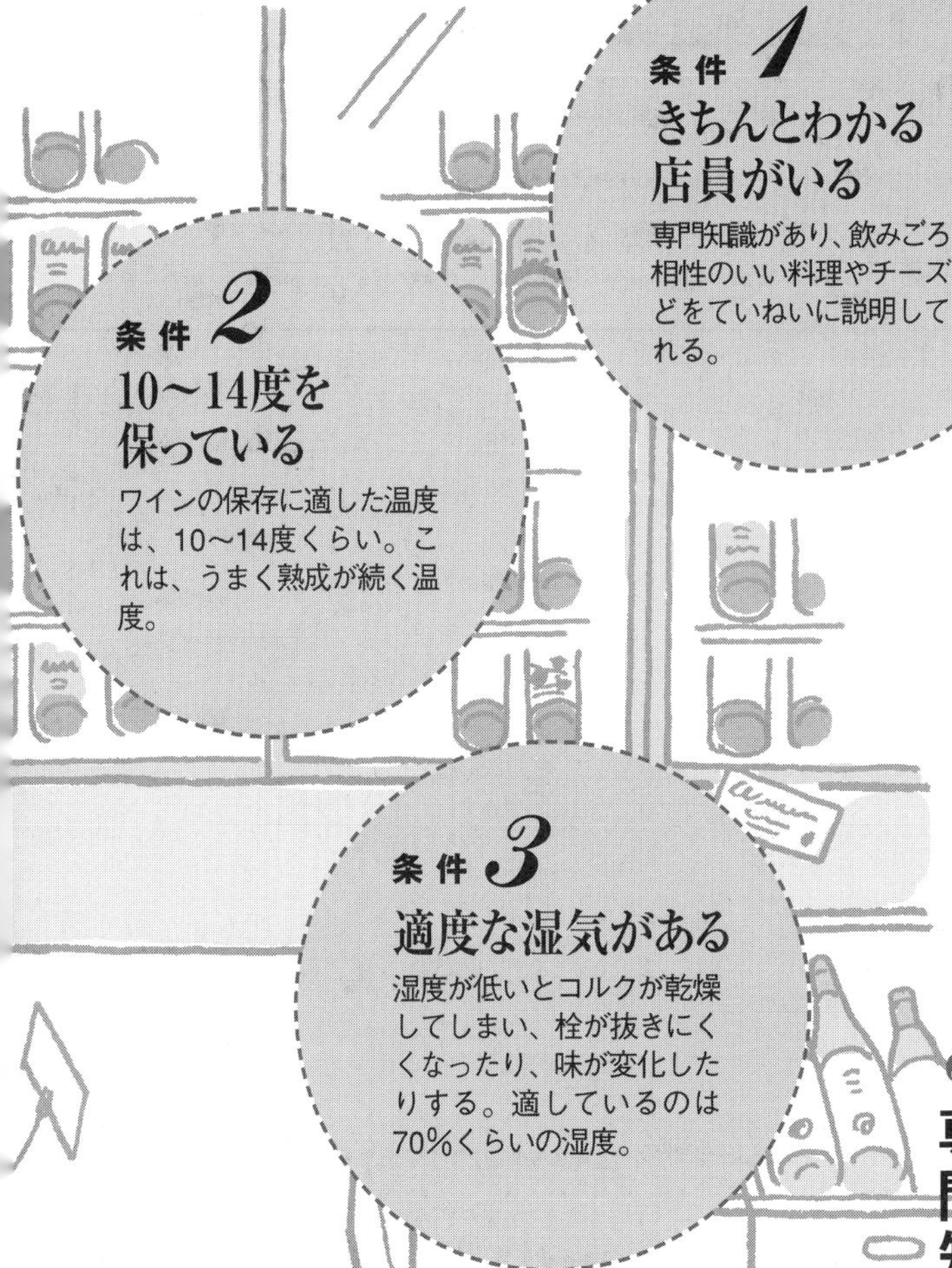

条件 1
きちんとわかる店員がいる

専門知識があり、飲みごろ、相性のいい料理やチーズなどをていねいに説明してくれる。

条件 2
10〜14度を保っている

ワインの保存に適した温度は、10〜14度くらい。これは、うまく熟成が続く温度。

条件 3
適度な湿気がある

湿度が低いとコルクが乾燥してしまい、栓が抜きにくくなったり、味が変化したりする。適しているのは70％くらいの湿度。

条件 4
光が当たらず薄暗い

直射日光は、ワインを劣化させてしまう。色つきのワインボトルは光の遮断に一役買うが、光が入らない暗めの場所がいい。

条件 5
振動やにおいがない

振動が加わると、ワインの熟成が早く進みすぎ、劣化の原因になる。また、売り場がにおうと、ワインににおいが移ってしまうことも。

条件 6
品ぞろえにこだわりや独自のアイデアがある

「カリフォルニアワインが中心」「シャンパンが多い」「低価格のワインが多い」「とにかく種類が多い」など店の特徴をチェックしておく。

優良ネットショップのみわけ方

最近は、インターネットを経由してあらゆるワインが購入できる。重いボトルを家まで運ぶ手間もない。ただ、商品を手にとってみることはできない。詐欺にあわないように注意して。

check 1
ほめすぎていない？

過剰にほめるコメントが並ぶときは注意が必要。味わいや状態を、具体的に表現しているかチェック。

check 2
身元は大丈夫？

ショップの会社案内や会社情報を確認して、所在地や連絡先、支払い方法、配送方法などをチェックしておく。

check 3
レア度をアピールしすぎ？

「生産量や出荷量が少ない＝おいしい」ではない。「限定○本」など、希少性を過度に強調していたら注意を。

メリット

- お店に行く手間が省ける
- 24時間いつでも購入できる
- 豊富な種類がそろう

デメリット

- 現物を確認できない
- 購入から配達まで時間がかかる
- 知識が乏しいと失敗することも

マナー

知識がないと恥ずかしい!?

沈黙が長い

わからないのに無理しない。黙っていてはだれもサポートできない。

詳しくない人のためにソムリエがいる。安心して相談を。

マナー 1

Q お店で専門家と話すと緊張します

A ソムリエの役目は心地よい時間を提供すること

高級レストランに行き、ワインリストを渡されるとドッキドキ。「どれを選べばいいの？　おかしな注文をして、ワインに無知なのを笑われてしまわないかしら」

こんな心配はいりません。ワイン選びに困る人のためにこそ、ソムリエがいるのです。

ソムリエの仕事は、お客様に楽しんでもらえるよう、お手伝いをすること。料理にあうワインを選ぶのも、その仕事のひとつです。

気後れせず、積極的にワイン選びの相談をしましょう。

ソムリエのおもな仕事

お客様のサポート
ワインや食に関する豊富な知識をそなえ、メニュー選びなどをサポートする。
飲み物全般の管理
ワインからソフトドリンクまで、あらゆる飲み物を適切な状態で保管する。
飲み物全般の仕入れ
お客様の層や好み、料理などとの兼ね合いを考えて、飲み物の仕入れをおこなう。

マナー 2

Q 欧文ばかりのワインリスト。さっぱり読めません

A ソムリエや店員に聞けばOK

無理して自分で選ぶことはありません。わからないことはお店の人に聞き、予算を伝えて相談するのがスマートです。

リストをながめて、どの国（産地）のいくらくらいのワインが多いかをみておくと、参考になります。

ワインリストの記載例

RED WINE
一般的に発泡性ワイン→白→赤→ロゼの順でタイプ別に記載。
〈BORDEAUX〉
各タイプのなかで、生産国、生産地別に分けられる。
2005 CH.LATOUR (PAUILLAC) ¥○○○
2003 CH.MARGAUX (MARGAUX) ¥○○○
ヴィンテージ
ワイン名
村名
価格
〈CHILE〉
2004 SENA (CALITERRA) ¥○○○
ワイン名
つくり手の名前

グラスワインをとりあえず注文してみる

ワイン選びに困ったら、まずグラスワインを試してみる。その味わいをもとに、ソムリエに相談して次のワインを選んでもらうといい。

マナー3

Q ホスト・テイスティングをしないとダメ？

A さっと済ませればさまになる

スマートなテイスティング

注文したワインか、ちょうどいい温度か、変質していないか味見するのがホスト・テイスティング。なにか変なときはソムリエに判断を任せるといい。もじもじしないで、堂々と。

Step1

ラベルをみる

ソムリエがボトルをもってきたら、頼んだものと違いはないか確認する。

Step2

外観をみる

にごりがないかチェックする。グラスを少し傾けると、色の濃淡などがわかりやすい。

うーん
これはいい香りだわ
エキゾチックで
甘みがあって……
（※テイスティング中は無言でもＯＫ）

Step 3

香りをかぐ

グラスを鼻に近づけて、香りをかぐ。グラスを少し回すと、さらに香りが広がる。

ゴク
渋味と酸味の
バランスがよく
濃厚なのに
飲みやすいわ

Step 4

ひと口飲む

少し口に含み、口の中に広げて味わう。ゆっくりと飲み込み、のどごしと余韻を味わう。

↓

問題がなければ「結構です」といい、注いでもらう。もっと冷やしてほしいなどの好みは正直に伝えてOK。

マナー 4

Q 味が気に入らなかったら、とりかえてもらえる？

A 好き嫌いでは、交換できない

好みの味でないからといって、交換してもらうことはできません（別途、料金を支払えばＯＫ）。ワインの傷みや劣化を感じるときは、ソムリエに伝えて確認してもらいましょう。

マナー 5

Q 飲みきれなかったワインは持ち帰ってもいいの？

こちらの
ラベルシートをどうぞ
お持ち帰りください

店によっては、飲んだワインのラベルを専用のシート（107ページへ）に貼って渡してくれるサービスも。

A お店にお願いすれば、ほぼ大丈夫

ボトルで注文したワインがたくさん残ってしまうのは、スマートとはいえません。飲める量が少ないとわかっているなら、ハーフボトルやグラスなど、飲みきれる範囲で注文しておきたいもの。

しかたなく飲み残してしまった場合は、お店に持ち帰りをお願いしてみましょう。たいていの店は、ボトルに栓をして渡してくれます。

ちなみに、高価なワインをわざと飲み残して帰る客もいます。ソムリエとはいえ、高価なワインを飲めることは少ないもの。味見のチャンスを与えているのです。粋ですね。

マナー 6

Q レストランにワインのもちこみはできますか？

A 対応はまちまち。事前に確認を

チャージ料を支払えば、もちこみできるレストランも増えてきています。料金は1本数千円程度。事前に電話で確認しておきましょう。

自宅で

翌日になったら おいしくない⁉︎

残ったワインは
栓をして
冷蔵庫へ入れて

昨日より
おいしいわ

魚の白ワイン
蒸しに
使ってみた
ところ……
い～い
香りだ

次の日飲む

栓をあけたらその日に飲むのが原則だが、場合によっては……。P.104へ。

無理して飲むより、飲み残しをおいしく味わう工夫を！

自宅で 1

Q 購入したワインはどこに保存すればいい？

A すぐに飲むのがいちばんだけど……

せっかく保管状態のいいワインを購入しても、自宅での保存方法が悪いと台無し。ワインセラーがない場合は、飲む分だけをこまめに購入するほうがいいでしょう。

×
ふつうの冷蔵庫
低温すぎて熟成が止まる。振動やにおいがある点もNG。
キッチンスペース
○
床下収納
温度変化が少なく涼しければOK。断熱性のある箱に入れて。
×
飾り棚の中
温度、光、湿度などすべてNG。
◎
ワインセラー
ワイン用冷蔵庫
予算と場所が必要だが、ベストの環境。
リビングスペース
×
押入れ
温度変化があり、夏は暑いのでNG。

自宅で 2

Q 夏に常温の赤ワインはぬるくて飲みにくい……

A ひんやり程度に冷やしてみる

生ぬるい赤ワインは、フルーティさがなくなり、だらしない味わいになります。少し冷やしたほうがおいしいでしょう。

上のように、ワインのタイプによって適温は違います。自分がおいしいと感じる温度で楽しんで。

おいしく飲める適温の目安（タイプ別）

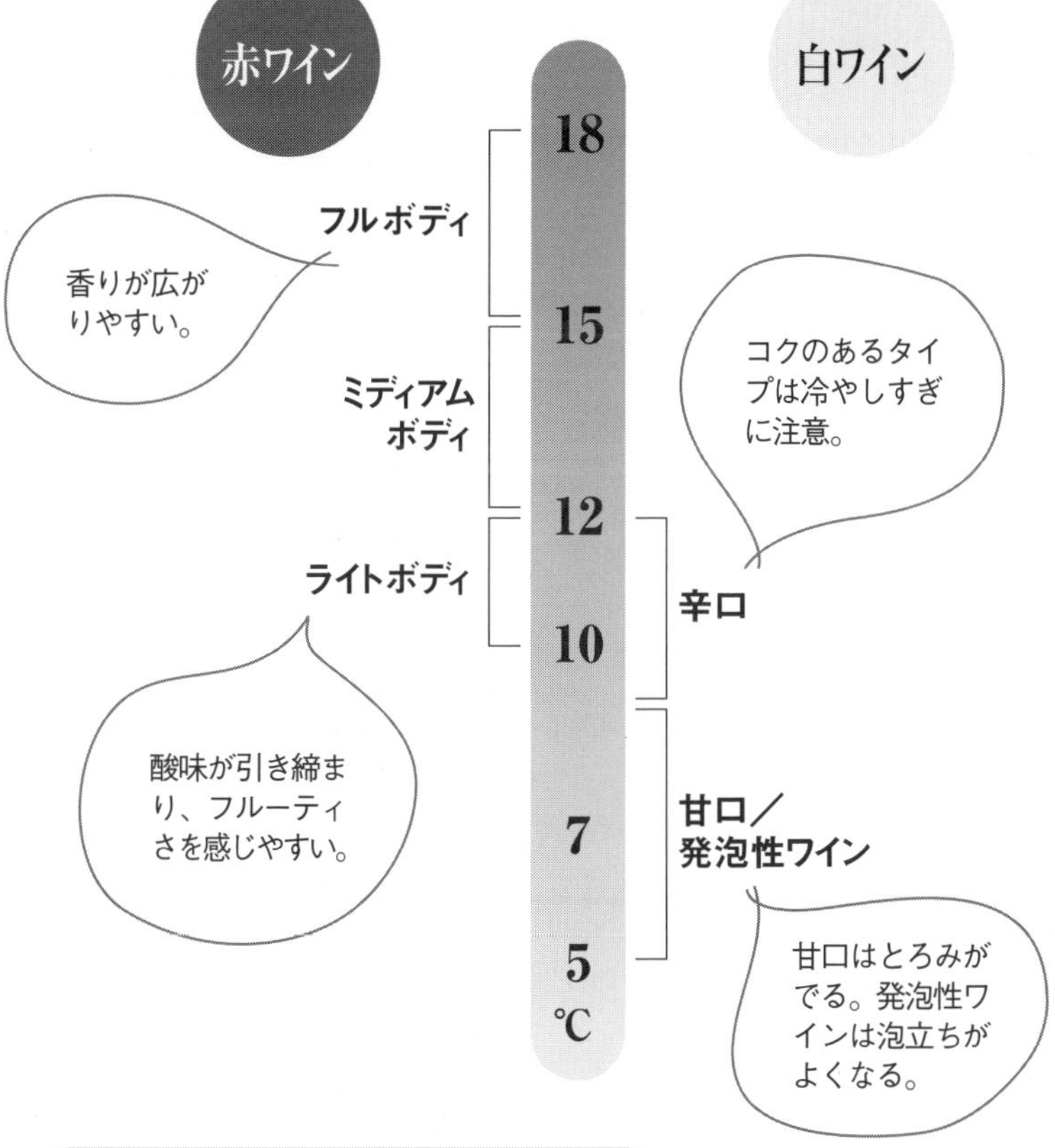

● 冷蔵庫で冷やすとき ●

軽い赤ワイン …… 1時間

辛口白ワイン …… 3時間

甘口白ワイン …… 6時間

● ワインクーラーで冷やすとき ●

温度計を使うと便利。10分冷やせば約10度下がる。冷やしすぎにも注意を。

自宅で 3

Q ワイングラスがありません。ふつうのコップでもいい？

A もちろんOK。でもワイングラスなら味も香りもより楽しめる

　どのようなグラスでもワインは飲めますが、ちゃんとワインを味わいたいと思っているなら、この際、専用グラスを用意したいもの。

　ワイングラスは多種ありますが、1種類だけ選ぶなら、上のような形のものがベスト。ふちが内側にカーブしているため、ワインから漂う風味がグラスの中にこもりやすく、味や香りの個性を十分楽しめます。

　ワインを注ぎすぎると、風味がこもるスペースがなくなります。上部に空間を残して注ぎましょう。

こんなグラスが万能タイプ

口がすぼまった
チューリップ型
（卵型）
香りが立ち上りやすく、逃げにくい。
グラスの
厚みが薄い
唇へのあたりがよく、ワインの味を邪魔しない。
無色透明で、
飾りがない
色や透明感などを十分楽しむことができる。

グラスの形状はさまざま

スタンダードタイプ

ボウル部分が大きく広がるほど、香りがこもりやすい。

口元が外側に反ったタイプ

酸味のある赤ワイン向き。甘みや果実味がよくわかる。

フルート型

発泡性ワイン用。炭酸が抜けにくく、立ち上る泡がみやすい。

ソーサー型

発泡性ワイン用。一気に飲みやすく乾杯などで使われる。

グラスの上手な洗い方

脚の部分をもつと割れやすいので注意。ボウル部分を包み込むようにもつといい。

1 やわらかいスポンジを使い中性洗剤で洗う。割れやすいので、ゴシゴシこすらずていねいに扱う。

2 やや熱めのお湯でしっかりとすすぐ。

3 毛羽立たない布で、水気をふきとる。両手に布をもって、布越しにやさしく包むようにするといい。

栓を抜いたらその日のうちに飲まないとダメ？

A 保存のしかたで数日間楽しむことも

ワインは、一度栓を抜いたら、その日のうちに飲みきってしまうのが原則。空気にふれることで、香りが広がり味わいはまろやかになっていきますが、時間がたちすぎると、酸化が進んで、味が劣化します。

残ってしまったら、コルクなどでしっかりと栓をして、冷蔵庫に入れておけば、数日は風味を楽しめます。翌日のほうがおいしく感じる場合も。

風味が飛んでしまったら、カクテルや料理に使いましょう。

保存用アイテム
ワインセーバー
栓をしてボトル内の空気を抜いて酸化を遅らせる。

酸化の影響はさまざま

抜栓してからいちばんおいしいと感じる時間やタイミングは、ワインによって、また、飲む人によって違う。

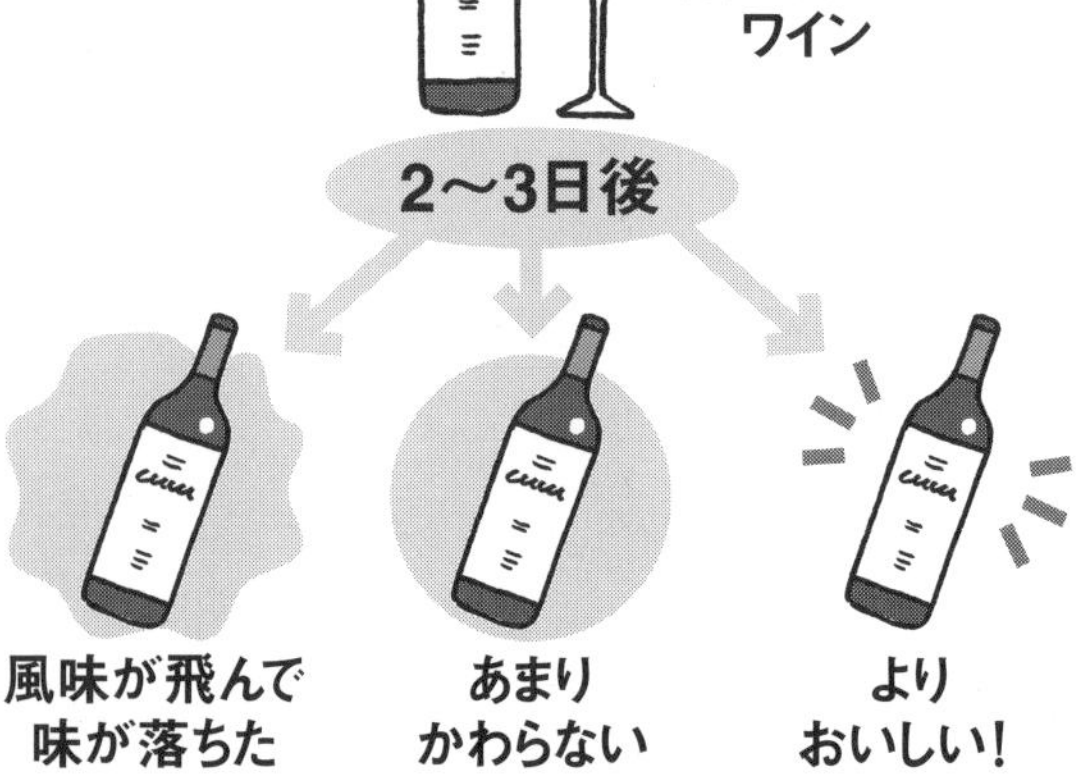

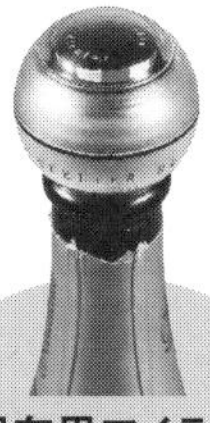

保存用アイテム
スプレー
ボトル内にガスを注入し、酸素との接触を防ぎ酸化を遅らせる。

写真提供：（上）株式会社ワイン・アクセサリーズ・クリエイション、（下）T.C／タイムレスコンフォート 自由が丘店

基礎知識

語りすぎると嫌われる!?

お、この香りは……

まるで汗ばんだ馬の鞍の香り……

どんな香り??

表現が抽象的すぎたり、だれも知らないようなものだと、たとえにならない。

まったりとなめらかでまろやか、力強くパワフルなアタックがあり、華やかでふくらみのある余韻と……

くどい!

似たような表現をくり返したり、だらだらと語り続けてもわかりにくい。

**ウンチクは、
だれにでもわかりやすく、
簡潔にまとめよう。**

基礎知識 1

Q ラベルにはなにが書いてあるの？

A どんなワインなのか情報が満載

ラベル（正式にはエチケットといいます）には、そのワインの身の上が記されています。どこで、どんな人（会社）が、何年に、どんなぶどうでつくったかわかるのです。

「これは」と思ったワインがあったら、同じものを探すときのために、ラベルに書かれた情報のいくつかをメモしておくといいでしょう。

ただ記載法は国によってマチマチ。意味がまったくわからないものもあります。ラベルをとっておいたり、ラベルのデザインを覚えておくのもひとつの方法です。

目立つ文字からチェック

生産地名
ニュイ・サン・ジョルジュ村。フランス・ブルゴーニュ地方にある村。

銘柄
プレスティージュ。つくり手がつけたワイン名。

AOC表示
ワイン法で決められた優良ワインの表示（P.118へ）。

アルコール度

つくり手
ドメーヌ・バロー・デュボワ。ワインをつくった生産者（社）。

ヴィンテージ
原料のぶどうが収穫された年。

容量

ボトル裏の日本語版ラベルは？

銘柄、生産者（社）、産地の日本語表記。

原産国や容量、輸入販売会社の連絡先などが表示される。

"Prestige"
Domaine Ballot Dubois
Côte de Nuits

"プレスティージュ"
ドメーヌ・バロー・デュボワ社
コート・ド・ニュイ（仏）

プレスティージュは新進気鋭のデュボワ社が1.5ヘクタールの畑からつくりだすこだわりのワインです。豊かな香りと鮮やかな果実味をお楽しみください。

品名：ワイン
原産国：フランス
容量：750ml
アルコール度：13%

味わい：フルボディ
飲み頃（℃）：14〜16度

輸入販売　初芝電産貿易株式会社
大阪府○○○○○○○○○
TEL（06）○○○○○○

プレスティージュは、漫画『部長 島耕作』に登場する架空のワイン。

Point 1
つくり手の紹介やワインの解説、相性のいい料理などのアドバイスが記載されていることも多い。

Point 2
赤ワインならフルボディ（重口）・ライトボディ（軽口）、白ワインなら辛口・甘口などの味わいが表示されることも。

Point 3
常温で飲むか、冷やして飲むかなど、飲むときの温度の目安を示してあるものも。

ラベルのコレクションも楽しい

市販のラベルシートなら、ラベルをそのまま転写できる。ファイルしておけば、飲んだワインの履歴がひと目でわかる。

 写真提供：株式会社ワイン・アクセサリーズ・クリエイション

基礎知識 2

Q 格付けワインとテーブルワインの違いは？

A 各国のワイン法でランク付けされている

日本にはありませんが、ワイン生産国の多くには、ワイン法があり、その基準に基づいてワインをランク付けしています。国によってランク分けはいろいろですが、大きくは、日常で消費するテーブルワインと、それより上級なワインに分けています。ヨーロッパ諸国は、それをさらに細かくランク分けしています。

　ただ、格付けがなくてもおいしいワインはたくさんあります。それほど気にすることはないでしょう。

フランスワインの格付け

指定地域優良ワイン	最上級ワイン	*Appellation d'Origine Contrôlée* アペラシオン・ドリジーヌ・コントローレ	厳しい基準を満たし、特定の産地でつくられるワイン。
	上級ワイン	*Appellation d'Origine Vin Délimités de Qualité Supérieure* アペラシオン・ドリジーヌ・ヴァン・デリミテ・ド・カリテ・シュペリュール	一定の基準を満たし、特定の産地でつくられるワイン。
日常消費用ワイン	地酒	*Vins de Pays* ヴァン・ド・ペイ	限定された産地でつくられるワイン。
	テーブルワイン	*Vins de Table* ヴァン・ド・ターブル	産地の異なるぶどうやワインをブレンドしてつくられるワイン。

基礎知識 3

Q 赤やロゼの色はどのようにしてつくるの？

A ぶどうの皮の色素から色づく

ワインのつくり方

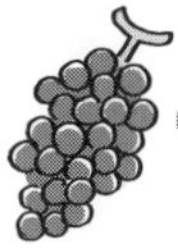

赤ワイン

黒ぶどうの果皮も種も丸ごと使い、酵母を加えて発酵させる。果皮や種から渋味の成分となるタンニンや赤い色素が抽出される。

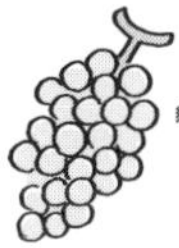

白ワイン

おもに白ぶどうを使う。果皮や種は取り除いてから酵母を加えて発酵させる。果皮や種を使わないため、渋味がなくフルーティに。

ロゼワイン

果皮や種を除いた黒ぶどうを発酵させてつくる。赤ワインと同様につくり、発酵液が少し色づいたら果汁だけとりだしてつくる方法も。

スティル・ワイン

赤、白、ロゼの非発泡性ワインをまとめて「スティル・ワイン」という。

いろいろあるワインのタイプ

スパークリング・ワイン

シャンパンなど、炭酸ガスが含まれた泡立つワイン。二次発酵でガスが生まれたり、醸造後に注入される。

フレーバード・ワイン

スティル・ワインに、果汁、薬草、香辛料などを加えて香りづけしたワイン。イタリアのベルモットが有名。

フォーティファイド・ワイン

スティル・ワインに、ブランデーなどの強い酒を加えた酒精強化ワイン。シェリーやポートワインが有名。

基礎知識 4

Q 「泡立っているワイン＝シャンパン」ではないの？

A No! シャンパンはシャンパーニュ地方産の発泡性ワインだけ

お祝いの席での乾杯にかかせないのが、シャンパン。シュワシュワと泡立ったさわやかなワインは、みんなに幸せを運んでくれます。でも、それはホントにシャンパン？

日本では、発泡性ワイン（スパークリング・ワイン）をみなシャンパンと呼ぶ傾向があります。しかしシャンパンは、フランス・シャンパーニュ地方で生産された発泡性ワインにのみ許された名称です。

その他の土地の発泡性ワインには、下のような名称がついています。

産地やつくり方によってかわる名称

フランス

シャンパン
Champagne
シャンパーニュ地方で、瓶内で二次発酵をおこしてつくられたワイン。香り高く、コクがあり比較的高級。

ヴァン・ムスー
Vin mousseux
フランスのスパークリング・ワインの総称。“泡”という意味。一般には、手頃な発泡性ワインのこと。

イタリア

スプマンテ
Spumante
イタリアのスパークリング・ワインの総称。甘口から辛口までさまざまで、赤のスプマンテもある。

上手な抜栓のしかた

1. キャップシールをはがして、針金をはずす。
2. コルクを布で軽く押さえながら、ボトルを少しずつ回転させる。
3. 押さえる力を弱め、少しずつガスを逃がしながら栓を抜く。

ドイツ

シャウムヴァイン
Schaumwein

一般には、ゼクト以外の手頃なドイツ産の発泡性ワインのこと。

ゼクト
Sekt

瓶内か、タンク内で二次発酵させてつくる。「Sekt b.A.」とラベルにあるものはドイツの最高級品。

スペイン

カバ
Cava

カタルーニャ地方を中心にシャンパンと同じ製法でつくられる。コストパフォーマンスがよく、人気がある。

エスプモーソ
Espumoso

一般には、カバ以外の手頃なスペイン産の発泡性ワインのこと。

アメリカ、オーストラリア

スパークリング・ワイン
Sparkling wine

炭酸が含まれたワインは、すべてこう呼ばれる。つくり方や生産地域による名称の違いはない。

基礎知識 5

Q 「シャトー○○」はワイン名？

A Yes! ワイン名であり、生産者でもある

いかにもロマンチックなこの名称は、フランス・ボルドー地方によくみられます。

大規模ぶどう園をもつ富裕な領主が、ワインを輸出するときに、自分たちの館（シャトー）名をワイン名にしたのが由来。

「シャトー○○」といえば、ワイン名になりますが、ワイン界で単に「シャトー」という場合は、ぶどう栽培からワインの瓶詰めまで、一貫して行う生産者のことを指します。

その名にふさわしい優美な城をもっているので、チャンスがあったら訪れたいもの。

ぶどう栽培から瓶詰めまで一貫してシャトーでつくられたワインだけがシャトーワインを名乗れる

基礎知識 6

Q 赤ワインは体にいいの？

A なんでも適量がいちばん

赤ワインに含まれるタンニンや赤い色素は、ポリフェノール類という、血栓予防やがん予防に効果があるといわれる物質です。

体にいいとはいえますが、それはあくまで適量を飲む場合。度が過ぎてしまえば、かえって逆効果であることをお忘れなく。

同程度の価格のワインを飲み比べるのがポイント。

基礎知識 7

Q もっとワインに詳しくなりたい

A 同時に何本か飲み比べを

「もっともっとワインのことが知りたい！」と思ったら、ぜひやってみたいのが、飲み比べ。風味は記憶しにくいので、過去に飲んだものと比べるのはむずかしいもの。でも、その場で何本か飲み比べてみると、違いがよくわかります。

ワインのもちよりホームパーティを開いたり、多種類のグラスワインを用意しているレストランやワインバーに行けば、飲み比べができます。

究極は、ワインスクールに通うこと。プロの指導を受けられ、いずれは下のような資格に挑戦も!?

ワインの資格に挑戦してみよう

ワインの資格はたくさんあるが、日本ソムリエ協会が認定する下の３つが有名。
受験資格が異なるだけで、試験の難易度はどれも同じ。

飲食サービス業のプロ向けの資格
ソムリエ
受験資格：飲料･サービス業に従事し、一定年数以上の実務経験があること。

酒販店などの販売のプロ向けの資格
ワインアドバイザー
受験資格：酒類製造や販売、専門学校講師などに従事し、一定年数以上の経験があること。

一般のワイン愛好家向けの資格
ワインエキスパート
受験資格：20歳以上であること。

pick up

安全でおいしい!? 自然派のワイン

無農薬や有機農法の農作物が人気。
ワインも自然派のものが注目を浴びています。
人や環境にやさしく、果実味が凝縮したおいしいワインがある一方、
アレッと思うものも。信頼のおける販売店を頼りに選びましょう。

方法 *1*

有機農法
(ビオ・ロジック)

化学肥料や化学農薬を3年以上使っていない畑で育った有機栽培のぶどうからつくられたワイン。有機ワイン、オーガニックワイン、ヴァン・ビノといわれる。

方法 *2*

バイオ・ダイナミックス農法
(ビオ・ディナミ)

有機栽培の一種。農薬や化学肥料は使わない。天体の動きがぶどうに与える影響を考えて栽培スケジュールをたてる、微生物を使って土壌を調整する、害虫の天敵を増やして害虫を駆除するなど、自然に則して畑を整える。

方法 *3*

減農薬農法
(リュット・レゾネ)

有機農法ほどではないが、ぶどう畑での化学物質の使用をできるだけ少なくおさえた方法。

無添加ワインって?

酸化防止剤である亜硫酸が添加されていないワイン。保存中に味の変質がおこりやすい一面も。

Part 4
世界のワインを飲んでみよう

―各国の産地とオススメワイン―

世界のあちこちで、多彩なワインがつくられています。
手頃な価格でおいしいものがたくさんあります。
どんなぶどうが使われているのか
ちょっと気にしながら、各産地のワインを味わい、
あなた好みのワインをみつけてください。

産地を知れば好みのワインにもっと出会える

世界のワイン生産地

よいぶどうが育つ地域がワインの名産地（下の地図参照）。それぞれの産地で、どんなぶどうが育ち、どんなワインになるのかチェックしてみて。

シャルドネ種のように世界各国で栽培される定番の品種でも、育つ場所が違うとワインの味がかわります。そこがワインの深さでもあり、大きな楽しみでもあるのです。

また、各産地では、定番品種の他にその土地に適した品種が育てられています。フランスなどでは、ワイン法によって産地ごとに品種が指定されているほど。

産地の特徴を知ることが、好みのワインを探す手助けになります。

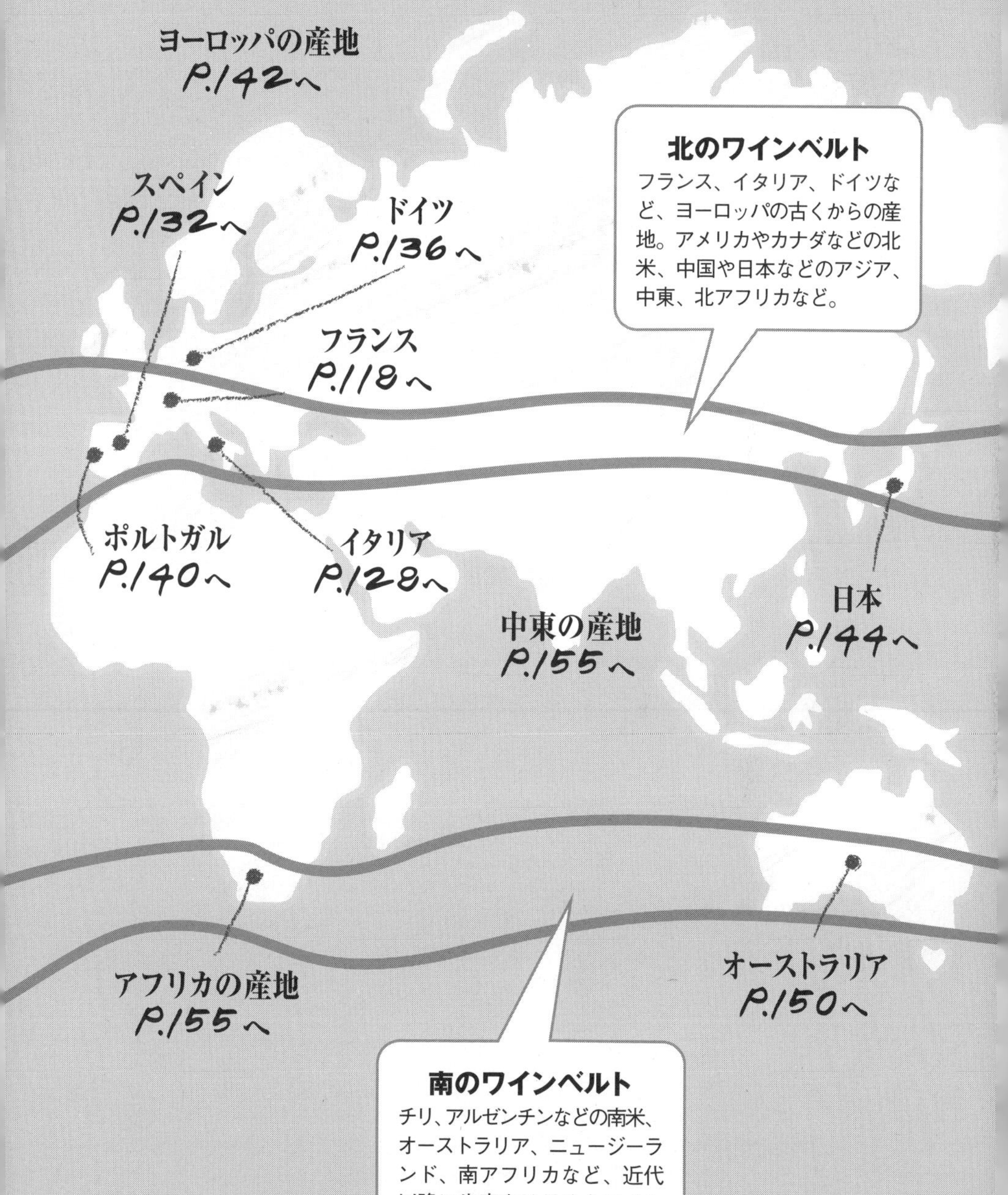
ヨーロッパの産地
P.142へ
スペイン
P.132へ
ドイツ
P.136へ
フランス
P.118へ
ポルトガル
P.140へ
イタリア
P.128へ
中東の産地
P.155へ
日本
P.144へ
アフリカの産地
P.155へ
オーストラリア
P.150へ
北のワインベルト
フランス、イタリア、ドイツなど、ヨーロッパの古くからの産地。アメリカやカナダなどの北米、中国や日本などのアジア、中東、北アフリカなど。
南のワインベルト
チリ、アルゼンチンなどの南米、オーストラリア、ニュージーランド、南アフリカなど、近代以降に生産をはじめたワイン新興国が多い。

フランス

世界に誇るワインの王国。まずはボルドー、ブルゴーニュから

長い伝統をもつ注目の産地が目白押し

ワイン王国といえば、もちろんフランス。どこの国も、ワイン発祥の地フランスをお手本にしてワインをつくっています。基本中の基本なので、ワインを知るにはフランスからスタートするのが正道。

フランスの産地の双璧が、ボルドー地方とブルゴーニュ地方です。フランスの代表というより世界の代表は、それぞれ個性的。まずは、2本並べて飲み比べてみましょう。初心者でも、違いは一目瞭然。

この二大産地だけでなく、フランスには多くの個性的な産地があります。赤ワイン、白ワインのほか、高級なシャンパンやロゼなど、あらゆるタイプの美味ワインが勢ぞろい。チャンスがあれば、片っ端から飲み比べてみたいもの。

ラベルの産地名をチェック

どの産地のワインかは、ラベルに明記されている。AOC表示といって下のように単語の間や、目立つ場所に記されているのでチェックしよう。産地名が、地区や村など細かく記載されているほど、個性のはっきりしたワイン。

appelation《アペラシオン》 産地名 Contrôlée《コントローレ》

● 産地のイメージ ●

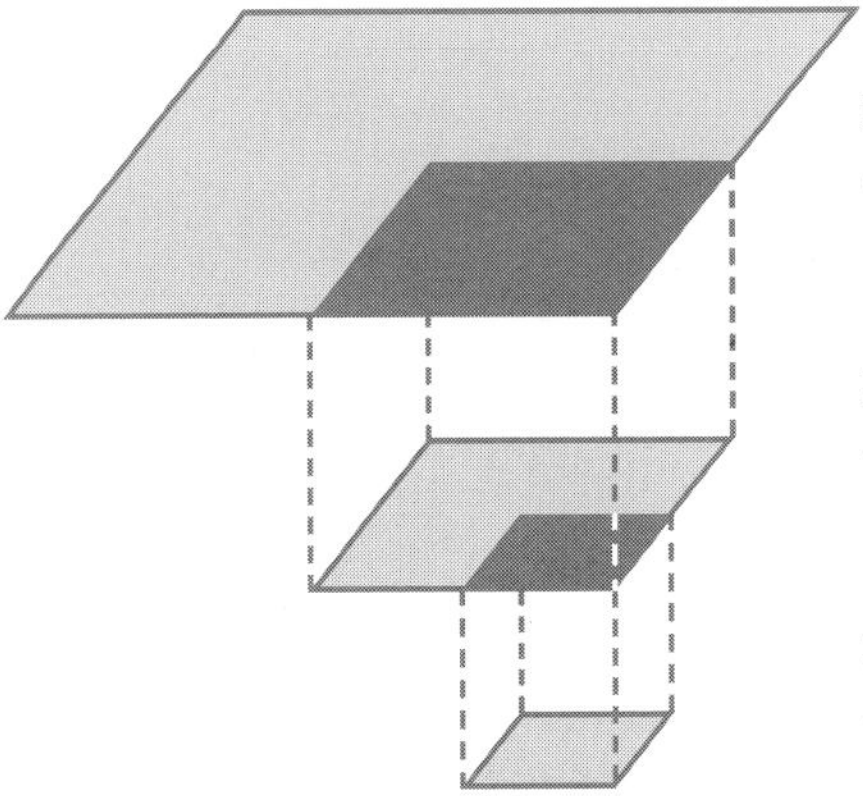

地方名ワイン
その地方でとれたぶどうをブレンド。

地区名ワイン
その地区でとれたぶどうをブレンド。

村名ワイン
その村でとれたぶどうだけをブレンド。

※さらに細分化して、畑名ワインをつくるところもある。

フランスの名産地

産地ごとに、味にもボトルの形にも特色がある。比べてみるとおもしろい。

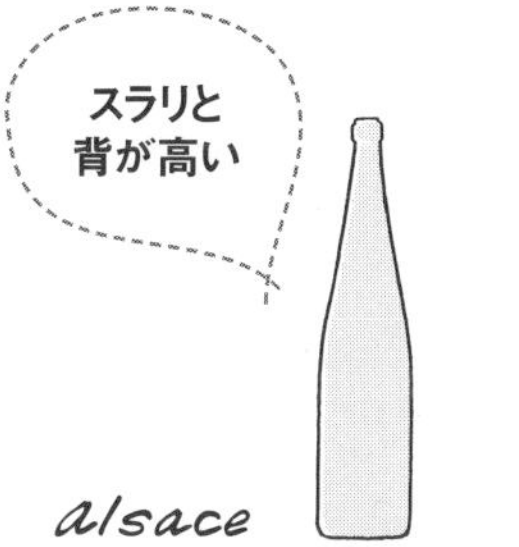

Champagne
シャンパーニュ地方

シャンパンの生産地。この地のスパークリング・ワインしか、シャンパンを名乗ることはできない。

Loire
ロワール地方

とくに有名なのは、ロゼワイン。多様なタイプのロゼワインがつくられ、“ロゼの宝庫” といわれている。

Alsace
アルザス地方

辛口から極甘口まで白ワインがそろう。単一品種でつくっているため、品種ごとの味わいの差がわかりやすい。

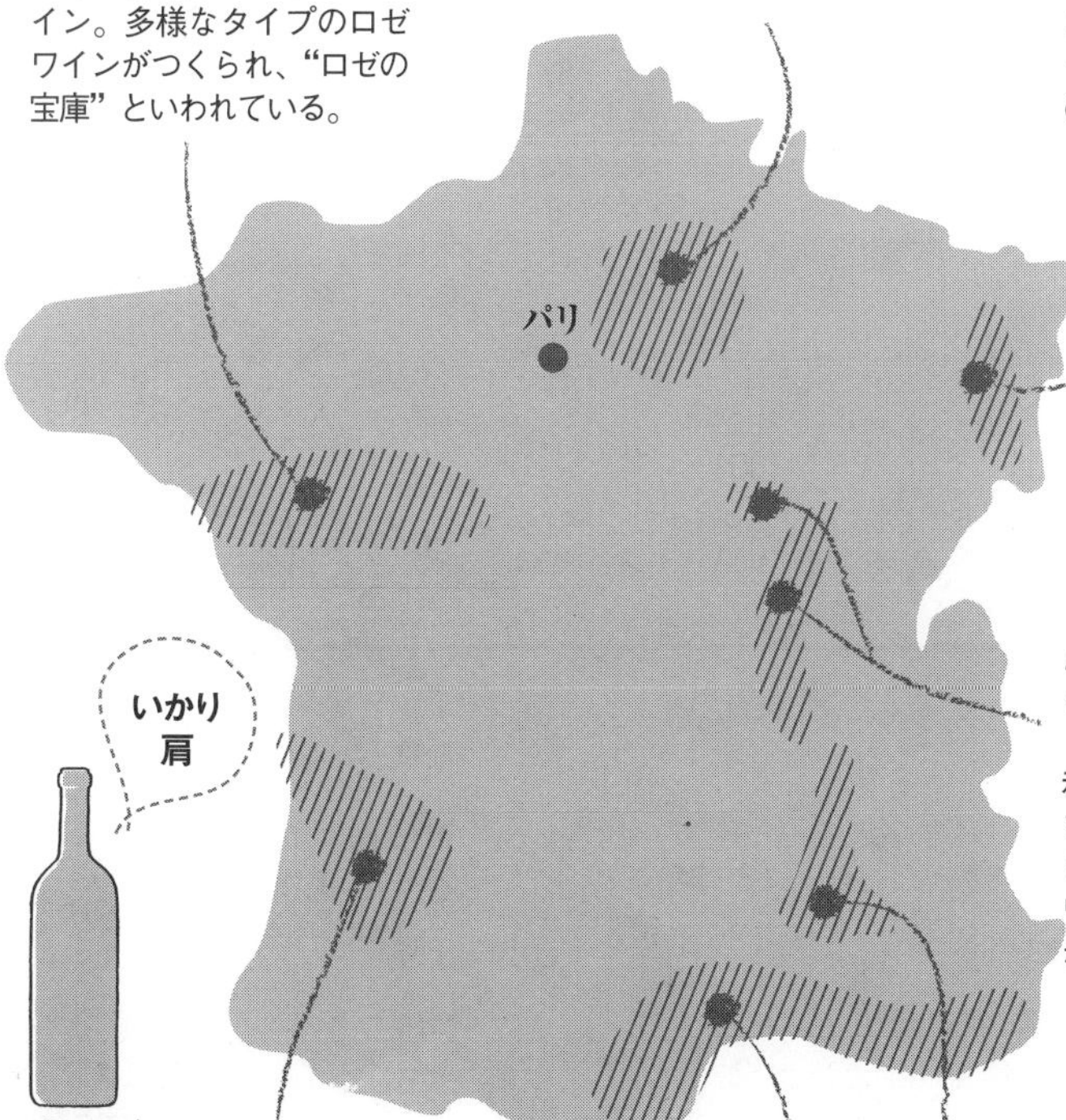

Bourgogne
ブルゴーニュ地方

赤も白も超高級ワインが生まれる地。単一品種でつくられているが、畑の違いがワインの個性としてあらわれる。

Bordeaux
ボルドー地方

世界の赤ワインの中心地。2品種以上のぶどうをブレンドして、バランスのとれた上質のワインをつくっている。

Rhône
ローヌ地方

明るい日差しいっぱいの地域で生産されるワインは、“太陽のワイン” と呼ばれる。赤も白も多少クセがあり、強い個性を主張している。

南フランス地方

以前は日常的に飲むテーブルワインの量産地だったが、現在は質の向上に力を注いでいる。

【ボルドー】品種のブレンドから〝ワインの女王〟が誕生

ブレンドされるおもなぶどう

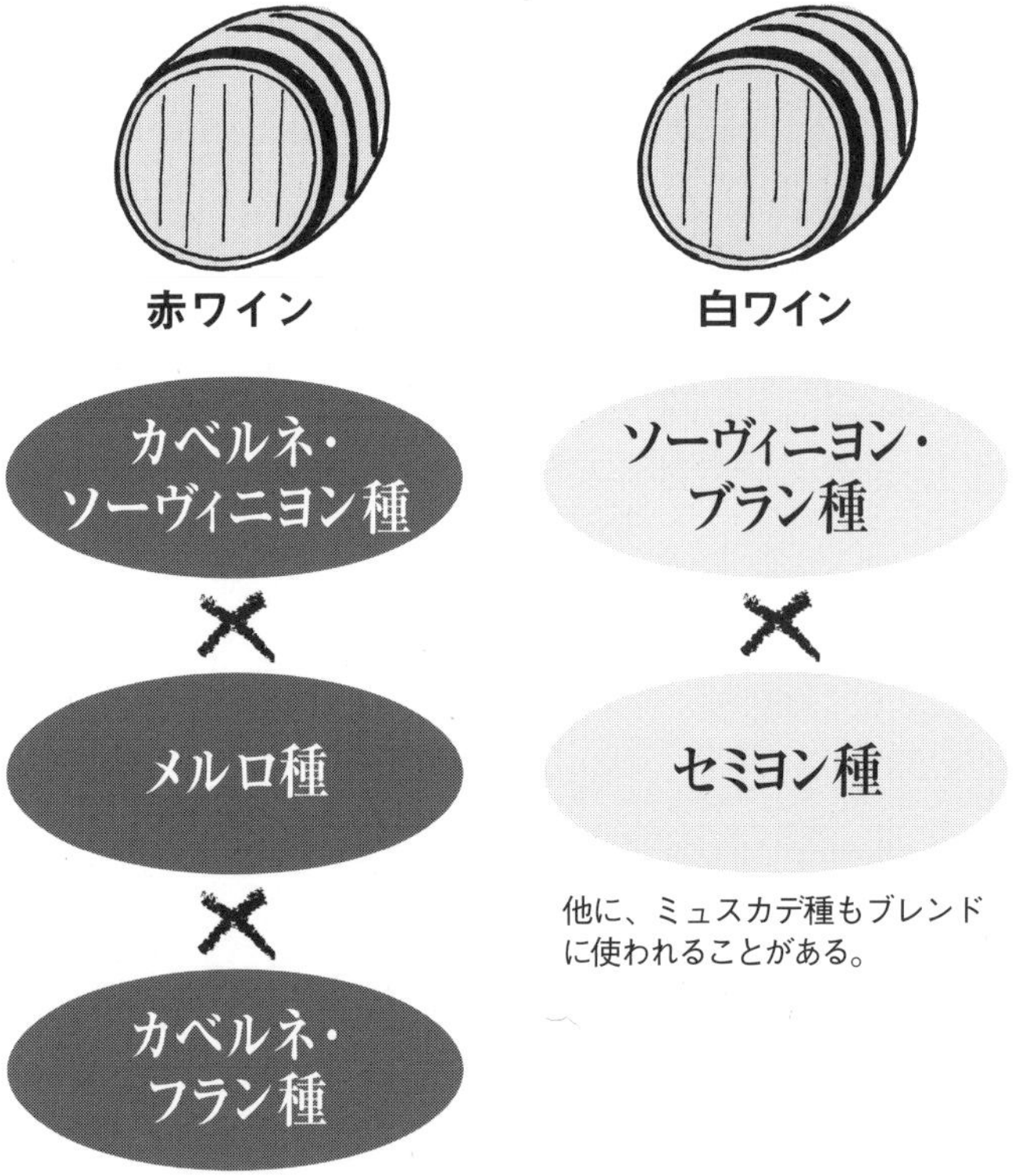

他にマルベック種、プティ・ヴェルド種などがブレンドされることもある。

他に、ミュスカデ種もブレンドに使われることがある。

ぶどうのブレンド割合が味の決め手になる

ボルドーといえば、「シャトー・マルゴー」「シャトー・ラトゥール」などの、シャトーワインでおなじみ。聞いたことがある人も多いでしょう。

ボルドーワインの特徴は、上のように、たとえば赤ワインなら、カベルネ・ソーヴィニヨン種を中心として、いくつかの品種をまぜて生産していること。品種をブレンドすることで、ワインの味わいが安定するのが利点です。

シャトーごとにまぜる品種や割合が少しずつ違い、それが味わいの個性につながっています。

ボルドーワインといえばやっぱり〝赤〟。全体的にどっしりと力強く芳醇な味わいが特徴。その濃厚で気高い味わいから、ボルドー産は〝ワインの女王〟と呼ばれています。

試してみたい
こんなワイン

Margaux

マルゴー

フォーマルな女性らしい赤ワイン

超高級ワイン「シャトー・マルゴー」も生まれるメドック地区マルゴー村のワイン。しなやかな強さと、口あたりがなめらかで繊細なのが魅力。

カベルネ・ソーヴィニヨン種
メルロ種
カベルネ・フラン種など

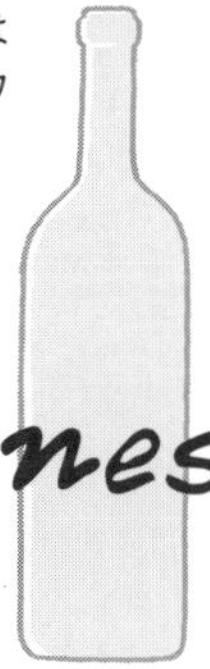

Sauternes

ソーテルヌ

世界最高峰の甘口白ワイン

ぶどうに菌を繁殖させて糖度を高めた貴腐ぶどうを使う。とろけるように甘い黄金色の白ワイン。ソーテルヌ地区は世界的に有名な貴腐ワイン産地。

セミヨン種
ソーヴィニヨン・ブラン種
など

ボルドーの五大産地

上質、高級なワインが生まれるボルドーを代表する産地。下の地名がラベルにないかチェックを。これらの地名がワイン名のものもある。

メドック地区 *Médoc*

超高級赤ワインがうなるボルドーを代表する地区。カベルネ・ソーヴィニヨン種を中心にブレンド。

グラーブ地区 *Graves*

ふっくらと温かみのあるワインが多い。全体に、メドックよりもカベルネ・ソーヴィニヨンのブレンド比率が低い。

サン・テミリオン地区 *St-Émilion*

上品でなめらかな口あたりの赤ワインができる。メルロ種が半分前後ブレンドされるワインが多い。

ポムロール地区 *Pomerol*

メルロ種の栽培が中心。ワインもメルロ種主体で、100%のものも。味わいは濃密でリッチ。高額ワインが多い。

ソーテルヌ地区 *Sauternes*

世界最高峰の甘口白ワイン（貴腐ワイン）の一大生産地。ワインの価格は高め。とろける飲み口をぜひ一度試したい。

フランス

【ブルゴーニュ】〝王様ワイン〟もお手頃品も同じ品種からできる

畑・土壌の個性がワインにあらわれる

この地方では、ほとんどのワインが、単一の品種でつくられています。ボルドーがワインの女王なら、こちらはワインの王様。タンニン分が少なく、ビロードのようになめらかで、しかも力強い味わいです。もっとも有名なのが「ロマネ・コンティ」。

もうひとつの特徴は、同じ品種でも、栽培される畑によって味が異なること。この地方の地層は複雑なため、たった10メートル離れただけで土壌の性質が違い、そこで育つぶどうの味も異なっています。

しかも同じ畑に何人ものワイン生産者がいるので、できるワインは玉石混淆なのが現実。生産者名がラベルに記載されているので、「これは」と思うワインがあったら、その生産者を覚えておくといい。

おもなぶどう品種

赤ワイン

ピノ・ノワール種

または

ガメ種

白ワイン

シャルドネ種

または

アリゴテ種

シャブリ

世界に名高い辛口白ワイン

酸味と果実味がすがすがしい味わい。シャブリといっても、ピンからキリまで。シャブリ○○と名前につくものはより高級品。

シャルドネ種

ブルゴーニュの生産地

シャブリ地区、ボージョレ地区のほか、下の3つの生産地区に分けられる。地区名ワインも試してみたい。地区を限定しないでブルゴーニュ地方内のぶどうでつくるワイン「ブルゴーニュ」は、特徴がわかりやすく比較的手頃な価格。

コート・ド・ニュイ地区 Côte de Nuits

「ロマネ・コンティ」や「シャンベルタン」など、超高級赤ワインが鈴なりの地区。高額で手がでにくい。

コート・ド・ボーヌ地区 Côte de Beaune

赤ワインも良質なものが多いが、秀逸なのは白ワイン。「モンラッシェ」「ムルソー」など、フランスを代表する高級白ワインのふるさと。

コート・シャロネーズ&マコネー地区 Côte Chalonnaise & Mâconnais

多様なワインが生産されているが、シャルドネ種などからつくられる辛口白ワインがもっとも多い。比較的手頃な値段がうれしい。

試してみたい こんなワイン

マコン

豊かな香りと繊細な口あたり

マコネー地区の白ワイン。緑がかった黄色をしている。豊かな香りで口あたりのよいワイン。価格は手頃。

シャルドネ種

Beaujolais

ボージョレ

渋味が少なく軽い飲み口の赤

収穫後すぐの新酒ボージョレ・ヌーボーで有名。フレッシュな飲み口。「ボージョレ十村名（右参照）」が記載された銘柄は、ちょっと高級。

ガメ種

● ボージョレの村名ワイン ●

ブルイィ Brouilly

コート・ド・ブルイィ Côte de Brouilly

シェナス Chénas

シルーブルー Cbiroubles

フルーリー Fleurie

ジュリエナス Juliénas

モルゴン Morgon

ムーラ・ナ・ヴァン Moulin-à-Vent

サンタムール St-amour

レニエ Régnié

【シャンパーニュ】特別な日に飲みたいシュワシュワワイン

強い酸味を逆手にシャープな切れ味に

結婚式やお祝いの席などで、よく乾杯に使われるシャンパン。ポンと栓をあける音や、シュワシュワと立ち上る細かな泡の音など、目でも耳でも舌でも楽しめるワインです。

シャンパンの泡は、二次発酵の過程でガスが溶け込んだもの。17世紀に、発酵し終わっていないワインに栓をしたまま放置したところ、発泡性のワインができたといわれています。一方、この地方のぶどうは酸味が強く、それがキリリとした鋭い切れ味をつくりあげています。

シャンパーニュ地方で生産され、しかも指定された方法で醸造されたスパークリング・ワインしか、シャンパン（シャンパーニュ）を名乗ることは許されていません。

ラベルの甘辛表示をチェック

極辛口	エクストラ・ブリュット *extra brut*
	ブリュット *brut*
辛口	エクストラ・セック *extra sec*
中辛口	セック *sec*
中甘口	ドミ・セック *demi sec*
甘口	ドゥー *doux*

メーカーを目印に選ぶ

シャンパンは、メーカーがぶどうやワインを買い付けて、それをブレンドして生産している。シャンパンに格付けはないので、メーカー名を頼りにして選ぶといい。

おもな大手メーカー

- ランソン社
- クリュッグ社
- ヴーヴ・クリコ社
- モエ・エ・シャンドン社

シャンパンに使うぶどう品種

シャンパン用のぶどうは、下の3品種だけ。どの品種をどんな割合でブレンドするかは、メーカーしだい。白ぶどうが多いと繊細に、黒ぶどうが多いとコクがでてくる。

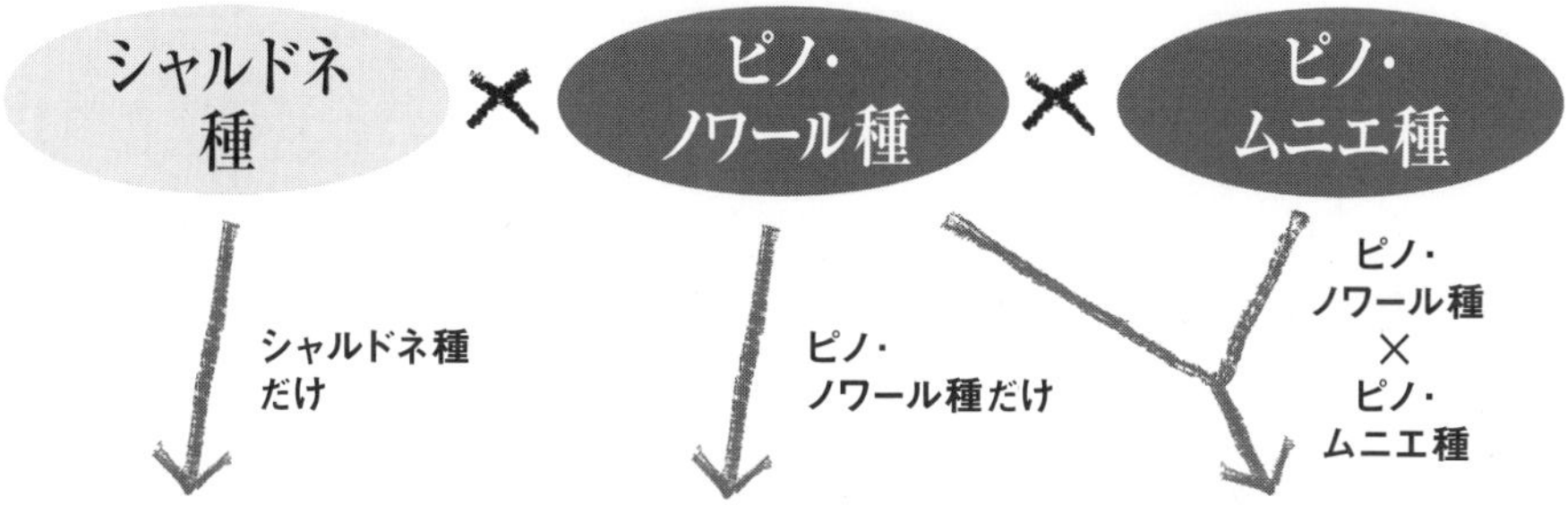

ブラン・ド・ブラン
Blanc de Blancs

白ぶどうのシャルドネ100%でつくられたシャンパン。きめが細かく、繊細で上品な味わい。

ロゼ・デ・リセ
Rosé des Riceys

ピノ・ノワール100%の発泡しないロゼ。美しいピンク色の果実味の高いワイン。最近はかなり人気。

ブラン・ド・ノワール
Blanc de Noir

ピノ・ノワールとピノ・ムニエをブレンドしてつくられたもの。果実味が豊かで、深いコクが魅力。

飲みきりサイズを選ぶ

栓をあけ、時間がたつと泡は消える。1人や2人のときは、ハーフボトルや小瓶など、飲みきれるサイズを選ぶといい。価格も手頃。

グラスシャンパンをカウンターで

最近は、カジュアルなお店やバーなどでグラスシャンパンのあるお店が増えている。「食事の前にカウンター席で一杯」は絵になる。

【アルザス】豊かな香りの辛口白ワインがオススメ

単一の品種からワインをつくっています。ラベルに大きく品種名が書いてあり、品種名がワイン名になっていることも。

辛口白ワインが中心ですが、数は少ないものの、甘口もあります。購入時は、甘辛度を確認しましょう。

ぶどう別 ワインの特徴

リースリング
アルザスはすっきりした辛口が多い。
品種解説は P.70へ

ゲヴェルツトラミネール
香辛料のような香りが魅力。
品種解説は P.77へ

ピノ・グリ
ふくよかな味わいが特徴。
品種解説は P.79へ

ミュスカ
フルーティな辛口ワインが多い。
品種解説は P.78へ

【ローヌ】ぬくもりのある〃お日様のワイン〃ができる

太陽がさんさんと降り注ぐこの地方から、ブルゴーニュやボルドーに負けない良質の赤ワインが誕生しています。

北部ローヌではシラー種が使われ、南部ローヌでは3種類以上の品種がブレンドされているのが一般的。

シャトーヌフ・デュ・パプ

深いルビー色の濃厚ワイン

赤は濃いルビー色をしている。アルコール度の高い濃厚な味わいが魅力。たくさんのつくり手がいて、味わいはさまざま。

グルナッシュ種、シラー種など複数をブレンド

【ロワール】色とりどりのフレッシュワインがそろう

フランス最長のロワール川流域に広がる広大な産地。赤、白、ロゼ、発泡酒……さまざまなワインがそろっています。

なかでもオススメは、さわやかな味わいのロゼワイン。同じロゼでも甘口から辛口まで多種あります。

試してみたいこんなワイン

ロゼ・ダンジュ

ロマンチックな色とさわやかな味わい

多品種をブレンド。華やかな色と香りのあるロゼ。ほんのり甘口。辛口が好みなら、カベルネ種だけでつくるカベルネ・ダンジュがオススメ。

グロロー種など

軽い食事によくあう

シノン

カシスの香りをもつ飲みやすい赤

深みのある色をした軽やかな味わいが特徴。どっしりした味の赤ワインとは異なる、さわやかな飲み口が魅力だ。

カベルネ・フラン種

ミュスカデ・エ・セーブル・エ・メーヌ

フルーティなマスカットの香り

原料のミュスカデは、ロワール地方で栽培されている人気品種。マスカットのような香りをもつ。フルーティですがすがしい味わいの白ワインだ。

ミュスカデ種

プイィ・フュメ

スモーキーな独特の香りをもつ

酸味のきいた白ワイン。"草原の香り""スモーキー"などと表現される、さわやかで独特の香りがある。

ソーヴィニヨン・ブラン種

イタリア

無数のぶどう品種から ラテンの明るい ワインができる

トスカーナの
生まれ！

キャンティ

カジュアルに飲みたい赤ワイン

イタリアワインでもっとも名が知られた銘柄。コクのある味だが、軽い飲み口。最近は少ないが、ずんぐりとしたボトルの下半身に、わらが巻かれたスタイルが特徴的。

サンジョヴェーゼ種

試してみたい
こんなワイン

バローロ

どっしりとした長期熟成タイプ

北部イタリア・ピエモンテ州の最高級赤ワイン。どっしりとした渋味のある長期熟成タイプ。最低 3 年は熟成される。飲みごろは、8 年くらいともいわれている。

ネッビオーロ種

手頃でバランスのとれた中部のワインがおすすめ

イタリアは、フランスと双璧をなすワイン王国。

全体的に、地中海気候の温暖な国だけに、国中どこでもぶどうが栽培され、ワインがつくられています。南北に長いので、北部、中部、南部の地域ごとに、ワインのスタイルは大きく違います。一般に、北部は高級ワインが、南部はテーブルワインが多く生産されています。

初心者は、中部のワインからはじめることをオススメします。多くのぶどう品種があり、さまざまなタイプのワインがつくられています。しかも値段が手頃なのもうれしい。

芸術の国、おしゃれの国イタリアらしく、かわいいラベルやボトルも多いので、飲む相手にあわせて、デザインで選んでみても楽しい。

イタリアの産地

南北に長いブーツ型をした国土は、北部、中部、南部に分けられる。それぞれの気候条件などから、多彩なワインがつくられている。

北部イタリア

アルプス山脈のふもとで、気候は清涼。ぶどうがゆっくり熟すので、豊かな風味のワインができる。バローロなど、高級ワインの多くは、北部でつくられている。

中部イタリア

温暖な気候で、さまざまな品種のぶどうが栽培されている。生産されるワインも多様だが、ほどよい重さがある、バランスのすぐれた良質のワインが多い。

南部イタリア

暖かい気候の南部は、ぶどう収穫量がイタリア全体の約4割を占める。生産されるワインの多くは気軽に飲めるタイプ。アルコール度は高め。

試してみたい
こんなワイン

ガーヴィ

キリッとした辛口の白ワイン

辛口で、香り高く、切れ味の鋭い、すっきりした味わい。北部イタリア・ピエモンテ州産。イタリア国内でも人気。

コルテーゼ種

フラスカーティ

食事によくあう中辛口

中部イタリア産の白ワイン。ブレンドにより軽快で親しみやすい味に。他に、辛口や甘口のタイプもある。

トレッビアーノ種
マルヴァジーア種

オルヴィエート

口あたりがよく軽い味わい

ウンブリア州を代表する白ワイン。口あたりが軽いタッチ。どのような食事にも相性がいい。

トレッビアーノ種など

ラベルのチェックポイント

クラッシコ *Classico*

ぶどう園による分類。古くからあるぶどう園でつくられたワインには、クラッシコ表示がつく。

リゼルヴァ *Reserva*

熟成年数による分類で、規定の年数以上熟成されたものに、リゼルヴァ表示がつく。長期熟成タイプに多い。

甘 ↑	ドルチェ/カッネリーノ *Dolce/Cannellino*	甘口タイプの表示。1ℓあたりの残糖分が45g以上。
	アマービレ *amabile*	中甘口タイプの表示。1ℓあたりの残糖分が12～45g。
	アボカート/セミセッコ *Abboccato/semisecco*	薄甘口、中辛口タイプの表示。1ℓあたりの残糖分が4～12g。
↓ 辛	セッコ/アシュート *Secco/Asciutto*	辛口、極辛口タイプの表示。1ℓあたりの残糖分が0～4g。

じゃこうとは、オスのジャコウジカがもつ分泌液を乾燥させてつくられる香料や漢方薬。ムスクともいわれ、セクシーな香り。

アスティ・スプマンテ

ほんのり甘口の発泡性ワイン

アスティは、ほんのり甘い良質の白ワイン。ピエモンテ州産。スプマンテがつくものは発泡性。

モスカート・ビアンコ種など

エスト!エスト!!エスト!!! ディ・モンテフィアスコーネ

すがすがしく魚介にあう白

中部ラツィオ州産の白ワイン。魚介料理にぴったりのさわやかさは、さすがにエスト！（「コレだ！」という意味）

トレッビアーノ種など

フランチャコルタ

シャンパンと同じ製法の辛口発泡性ワイン

イタリア最高峰の発泡性ワイン。長く立ち続けるきめ細やかな泡。花や果実の香りが広がる。

ピノ・ビアンコ種など

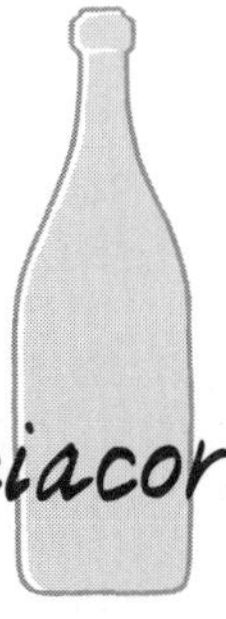

ランブルスコ

弱発泡性の赤ワイン

やや甘口だが、爽快感のある軽い口あたり。食事といっしょに気軽に楽しめる。中部イタリア産。

ランブルスコ種

スペイン

熟成されたやわらかな赤と気取らないカバが人気

熟成期間の表示をチェック

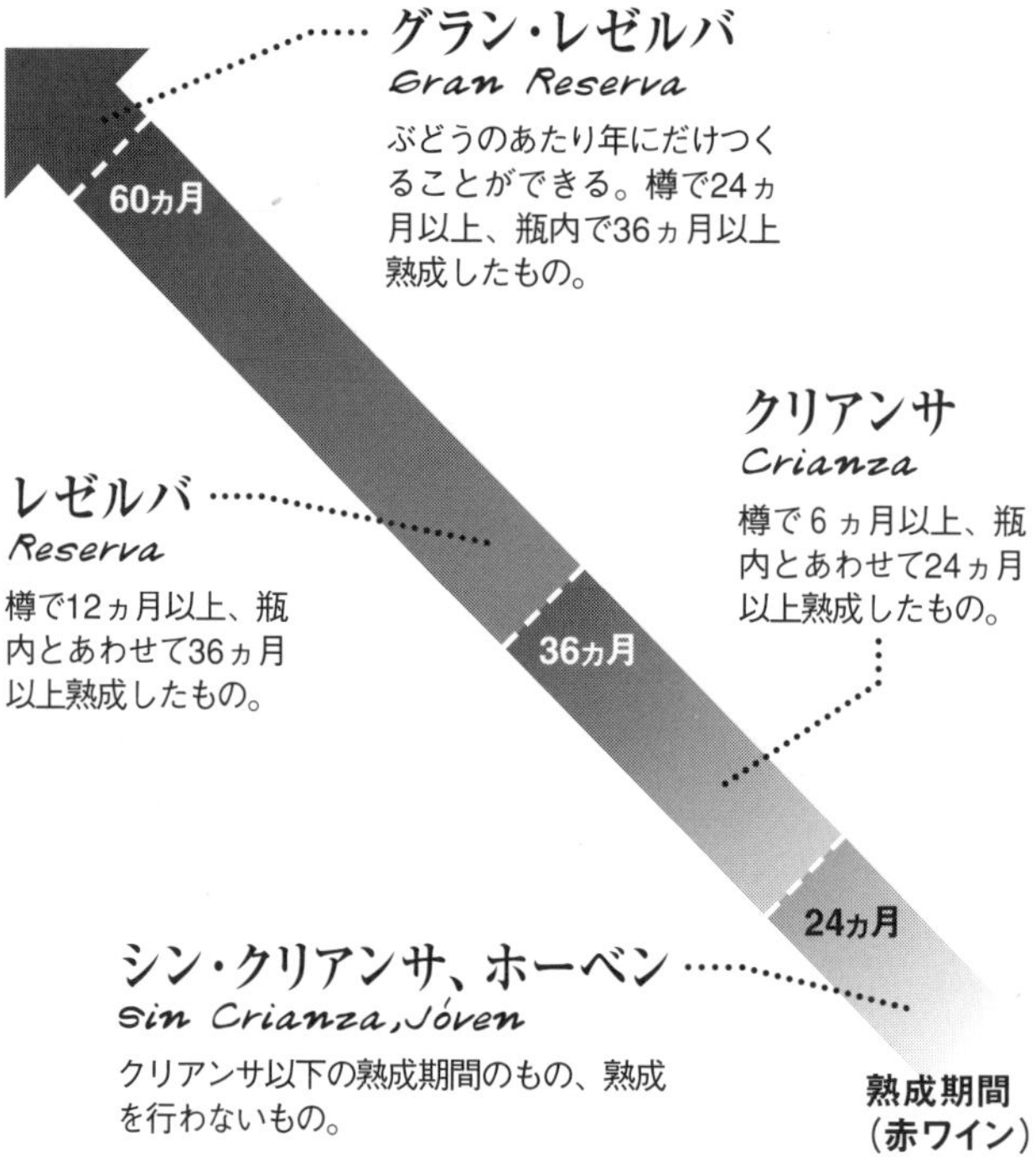
グラン・レゼルバ
Gran Reserva
ぶどうのあたり年にだけつくることができる。樽で24ヵ月以上、瓶内で36ヵ月以上熟成したもの。
60ヵ月
クリアンサ
Crianza
樽で6ヵ月以上、瓶内とあわせて24ヵ月以上熟成したもの。
レゼルバ
Reserva
樽で12ヵ月以上、瓶内とあわせて36ヵ月以上熟成したもの。
36ヵ月
24ヵ月
シン・クリアンサ、ホーベン
Sin Crianza, Jóven
クリアンサ以下の熟成期間のもの、熟成を行わないもの。
熟成期間
（赤ワイン）

※白やロゼは赤ワインより熟成期間が短く設定される。

しっかり熟成されてから市場にでてくる

情熱の国スペインには、赤がお似合い。この国の赤ワインの特徴である、よく熟成されたやわらかくやさしい味わいは、世界中の人に愛されています。

スペインの赤ワインの個性は、テンプラニーリョ種（74ページ参照）という、スペイン独特のぶどうなどから引き出されています。

また、おもしろいのは、スペインでは、ワインの熟成にとてもこだわっていること。上の図のように、熟成の年数による分類があり、ラベルにきちんと表示してあります。熟成へのこだわりから、よく熟成して飲みごろになってから出荷されるのも、スペインの特徴。

赤の他、発泡性ワイン〝カバ〟もいち押しのワインです。

スペインの名産地

世界最大規模のぶどう栽培面積を誇る。地域によってワインのタイプがガラリとかわる。また、地域によって、呼び名が異なるぶどう品種も多い。

Rioja
リオハ地域

1000年のワインづくりの歴史がある伝統的なワイン産地。やさしく、香り高い高級赤ワインが生まれる。

Rias Baixas
リアス・バイシャス地域

アルバニーリョ種から、酸味のあるいきいきとした白ワインを生産している。これは、魚介料理と相性がよく“海のワイン”と呼ばれている。

Ribera del Duero
リベラ・デル・デュエロ地域

畑も醸造所も小規模なところが多い。気候条件にあわせたワインづくりの工夫が実り、リオハに並ぶ高級赤ワインの産地に。

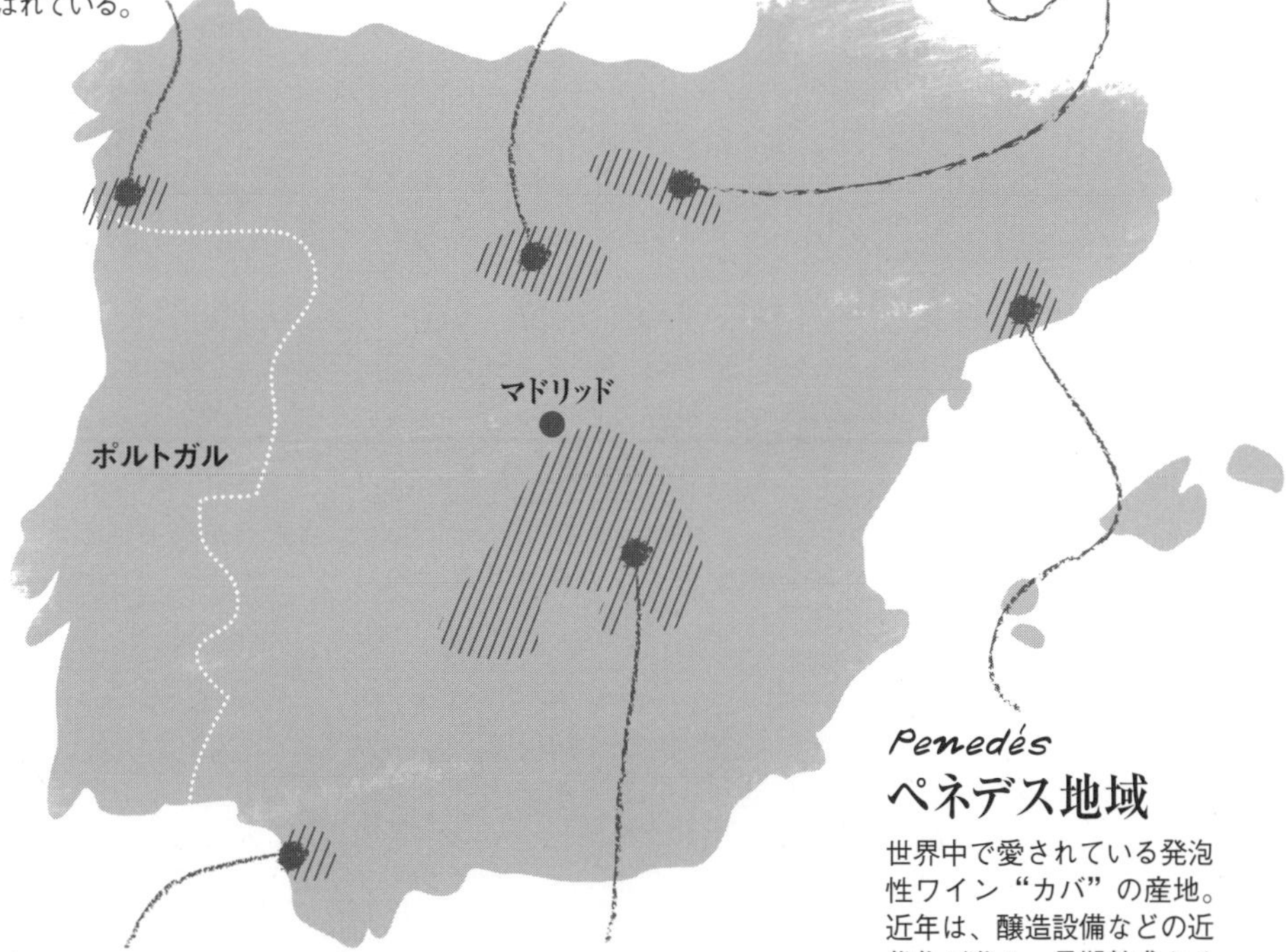

Jerez-Xérè-Sherry
ヘレス地域

ブランデーなどを添加してアルコール度を高めた酒精強化ワインの代表であるシェリー酒の産地として、世界的に有名。

La Mancha
ラ・マンチャ地域

アイレン種によるすっきりした白ワインを多く生産。テーブルワイン中心だが、上質な赤ワインも増え、将来が期待されている。

Penedés
ペネデス地域

世界中で愛されている発泡性ワイン“カバ”の産地。近年は、醸造設備などの近代化が進み、長期熟成タイプの高級な赤や白も増えている。

試してみたい
こんなワイン

Tinto Pesquera

ティント・ペスケラ

なめらかな口あたりで果実味豊か

単一品種でつくられたフルボディの赤。クリアンサ（Crianza）と表示されたものは、果実の香りが豊かに広がる。飲み口はなめらか。

テンプラニーリョ種

グラン・サングレ・デ・トロ（赤）

バランスのとれた赤

複数の品種がブレンドされ、酸味や渋味のバランスがとれたレセルバ。スペインの有力生産者であるトーレス社がつくる。

ガルナッチャ種、カリニャン種
シラー種など

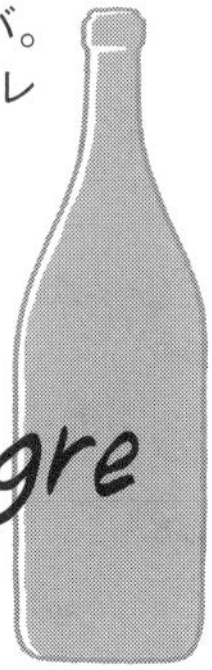

Gran Sangre de Toro

Cava

カバ

毎日でも飲みたい発泡性ワイン

シャンパンと同じ製法でつくられている、スペインが誇る発泡性ワイン。値段が手頃で、ひじょうに上質。下のような糖度に分かれている。自分の好みの糖度を選べる。

パレリャーダ種、マカベオ種、チャレッタ種など

糖度表示

極辛口	ブリュット・ナトゥーレ *brut nature*
辛口	ブリュット *brut*
やや甘口	セミ・セコ *semi seco*
甘口	セコ *seco*

熟成のあとに加えるリキュールの量によって、甘みの度合いがかわる。

シェリー

ワイン＋ブランデーの酒精強化ワイン

パロミノ種からつくられたワインに、ブランデーを添加してアルコール度を高める。それを樽に詰めて、フロールという酵母の膜をつくることで、独特の高い香りが生まれる。

パロミノ種
ペドロ・ヒメネス種など

独特の樽熟成がシェリーをつくる

熟成樽を３、４段ほど積み上げ、瓶詰めのときは最下段の樽からとりだす。減った分は、すぐ上の樽から補うということをくり返していく、独特の熟成法などでつくられる。

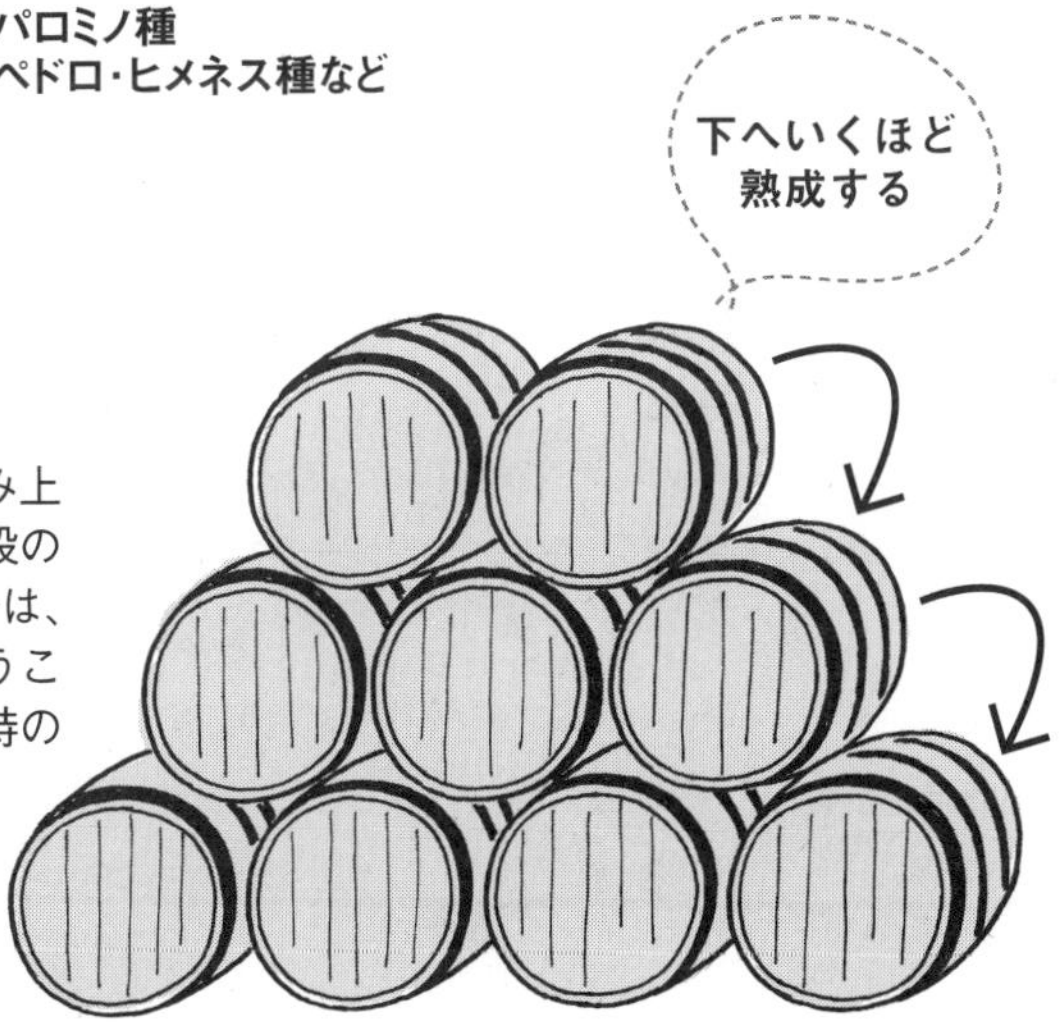

シェリーのおもなタイプ

辛口は食前酒や食中酒に、甘口は食後のデザートとしてオススメ。

- フィノ *fino* ● カジュアルな辛口
- マンサニーリャ *manzanilla* ● カジュアルな辛口
- アモンティリャード *amontillado* ● やわらかな辛口
- オロロソ *oloroso* ● コクのある辛口
- ペドロヒメネス *pedro ximénez* ● コクのある甘口

オロロソをもとにした甘口タイプをクリームシェリーという。

ドイツ

甘口の白が有名だが辛口の白や良質の赤が増えてきている

ドイツの赤ワインも
ぜひ飲んでいってね
おいしいんだから
ん――

おもなぶどう品種

ドイツワインは、ラベルにぶどうの品種名が記載されていることが多い。白ぶどうが多いが黒ぶどうもある。どのぶどうのワインが好きかわかってくると、選びやすくなる。

リースリング種

ミュラー・トゥルガウ種

シュペート ブルグンダー種

ぶどうの収穫法と品質の違いが味を決める

広く知られているように、ドイツのワインといえば、ほんのり甘い香りの白ワイン。しっかりとした酸味が残るジューシーな味わいは、アルコールにあまり強くない女性にとって、とても親しみやすいもの。

ドイツワインのこだわりは、ワインの糖度。収穫時期が早ければ糖度が低く、遅ければ糖度は高くなります。そこで、ぶどうの収穫を一気に行わず、少しずつ時期をずらし、同じ収穫時期のものだけでワインをつくります。また、発酵しない果汁を加えて、糖度を調整するワインもあります。

できたワインの糖度は、ラベルに明記（139ページで紹介）。ただ最近は、糖度調整を行わない辛口ワインがおよそ半分を占めています。

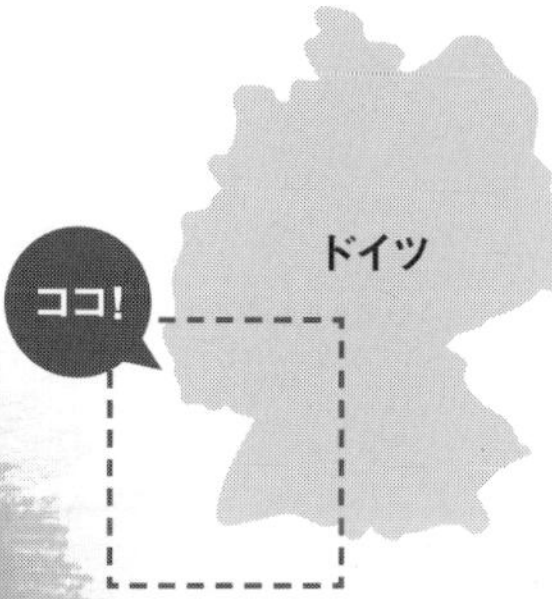

ドイツの名産地

ライン川などの川に沿って、ぶどう畑が広がっている。ドイツはぶどう栽培の北限にある国だが、川から立ち上る霧が、ぶどうを寒さから守っている。

Mosel-Saar-Ruwer

モーゼル・ザール・ルーヴァー地域

モーゼル川、ザール川、ルーヴァー川流域の崖のような急斜面に、リースリング種が栽培されている。繊細ですっきりとした味わいの白ワインが生産されている。

Rheingau

ラインガウ地域

おもにリースリング種からつくるエレガントな白ワインの産地。川沿いの日あたりのいい斜面にぶどう畑がある。

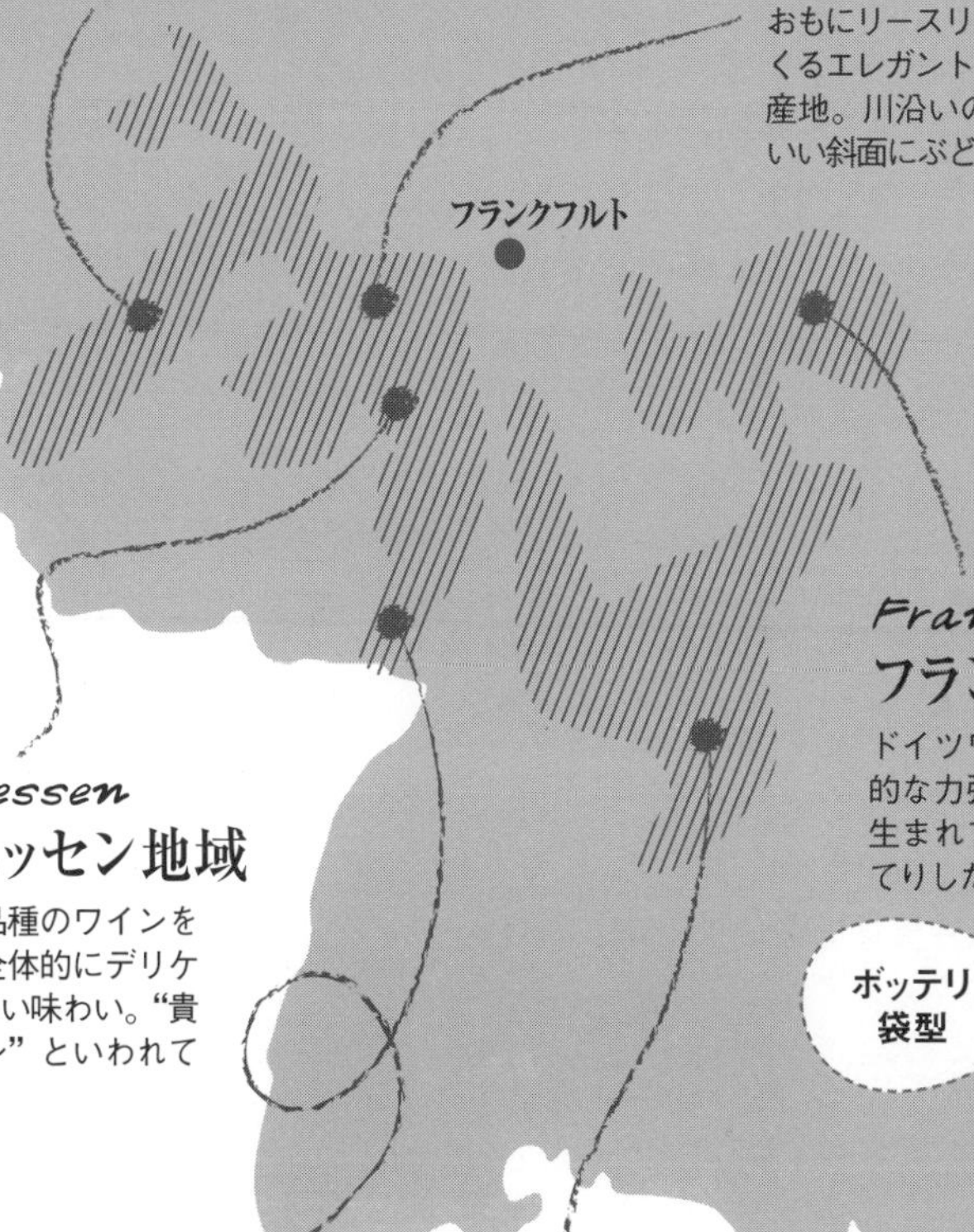

Franken

フランケン地域

ドイツワインにしては男性的な力強い辛口白ワインが生まれている。丸く、ぽってりしたボトルが特徴。

Rheinhessen

ラインヘッセン地域

さまざまな品種のワインをつくるが、全体的にデリケートでやさしい味わい。“貴婦人のワイン” といわれている。

Pfalz

ファルツ地域

南北約80キロの “ドイツワイン街道” 沿いに広がる一大産地。温暖な気候で多彩なワインがつくられる。

Württemberg

ヴュルテンベルク地域

赤ワインの生産が半分を占めている。その味わいは、独特の土の香りをもつ個性的なもの。ロゼの生産も多い。

ドイツ

試してみたい こんなワイン

ツェラー・シュバルツェ・カッツ

**黒猫ラベルが印象的な
やや甘口タイプ**

やや甘口の白ワイン。昔、貯蔵庫にいた猫が飛び乗った樽のワインがおいしかったことからこの名がついたという。各社から同じ名称のワインがでており、ラベルの猫の絵を見比べるだけでも楽しい。

リースリング種

ゼクト

**ドイツ生まれの
高級スパークリング**

発泡性ワインの総称。泡の立つ赤やロゼもある。ゼクトの次に「b．A.」がつくと、より高級品。それぞれ、個別に銘柄名がつけられている。

リースリング種
シュペートブルグンダー種
など

リープフラウミルヒ

**ほのかに甘くて飲みやすい
“聖母の乳”**

ワイン名は“聖母の乳”という意味だが、その名のとおりマイルドで飲みやすい。やや甘口の白ワイン。発泡タイプもある。ラインヘッセン地域を中心に生産されている。

リースリング種
ミュラー・トゥルガウ種など

甘みの度合をラベルでチェック

ドイツの最上級格付けワインの場合は、ワイン名の他に６段階の糖度の肩書きがついている。味わいが予想しやすい。その他のワインの場合、辛口にのみ、下表の下４つのような表記がされている。甘口はあまり表記がない。

トロッケンベーレンアウスレーゼ ●貴腐ぶどうからつくる極甘口タイプ
Trockenbeerenauslese

ベーレンアウスレーゼ ●貴腐ぶどうや過熟したぶどうでつくる甘口
Beerenauslese

アイスヴァイン ●凍結したぶどうでつくる甘口タイプ
Eiswein

アウスレーゼ *Auslese*
シュペートレーゼ *Spätlese*
カビネット *Kabinett*
●甘口とはかぎらない

トロッケンベーレンアウスレーゼからカビネットまでは、収穫されたぶどうの糖度に応じて表示される。

クラシック *Classic*
セレクション *Selection*
●単一品種でつくられた辛口タイプ

ハルプトロッケン ●やや辛口タイプ
Halbtrocken

トロッケン ●辛口タイプ
Trocken

甘口ワインの陰につくり手の努力がある

トロリと甘い貴腐ワインをつくるには、ちょうどいい気象条件だけでは不十分。ぶどうの成熟具合を見極めながら、一粒一粒手作業で収穫するなど、通常の何倍ものつくり手の労力がかかせない。

ポルトガル

食前酒から食後酒まで あらゆるタイプのワインがそろう

ポートワイン、赤、白、ロゼワインまで

この国の代表的な赤ワインや白ワインの銘柄は知らなくても、「ポートワイン」や「マテウス・ロゼ」といった名前を知っている人は多いはず。これらはみな、ポルトガルを代表するワイン。

ポルトガルは、紀元前からワインづくりがはじまっていた歴史の長い国。いまも有数のワイン生産国のひとつです。日本にワインをもたらしたのも、この国の宣教師だといわれています。

カベルネ・ソーヴィニヨン種やシャルドネ種など国際品種といわれるぶどうを栽培する国が多いなか、あくまでこの国の伝統的な品種にこだわっています。赤も白も、味わいのタイプも色とりどりそろっています。じっくりと堪能したいものです。

試してみたい こんなワイン

ヴィーニョ・ヴェルデ

微発泡のさわやか白ワイン

ワイン名（地方名でもある）は、“緑のワイン”という意味。ぶどうが完熟する１週間ほど前に収穫してつくる。アルコール度が低く、名前のとおりさわやかな味わい。

ロウレイロ種など

ダン

タンニンが豊富でパワフル

内陸のダン地方は、フランス・ボルドー地方の醸造家が手法を伝えたため、タンニンがしっかりした、重厚な長期熟成タイプの赤ワインを生産。香りが高く、世界中にファンがいる。

トゥリガ・ナシオナル種など

ポートワイン

つやつやとした飴色と華やかな香り

ぶどうの香りが残り、フルーティかつ濃厚な味わい。まだ発酵しきらないうちに、ブランデーを添加してアルコール度を高める、いわゆる酒精強化ワイン。

トゥリガ・ナシオナル種など

マテウス・ロゼ

ほんのり泡立つロゼワイン

1942年の発売以来、世界的人気になり、世界三大ロゼのひとつにあげられている。ほんのりした泡立ちと、さわやかな口あたり、しっかりとした味わいがある。

トゥリガ・ナシオナル種など

ポートワインのおもなタイプ

ホワイト・ポート *White Port*	原料は白ぶどう。3～5年熟成したもの。甘口、やや辛口がある。食前酒にあう。
ルビー・ポート *Ruby Port*	黒ぶどうを原料とし、樽で3年寝かせたもの。ルビー色をした甘口で、果実味が豊富。
トウニー・ポート *Tawny Port*	ルビー・ポートを長期間熟成したもの。舌にとろりと広がる甘さが魅力。食前にも食後にも。
ヴィンテージ・ポート *Vintage Port*	出来のよい年に収穫したぶどうからつくり、2年寝かせたもの。デザートワインに最適。
レイト・ボトルド・ヴィンテージ・ポート *Late Bottled Vintage Port=L.B.V.*	ヴィンテージ・ポートよりさらに長期熟成した、豊かで繊細な香りと味わい。

ヨーロッパ

まだまだある 日本で知られていない おいしいワインたち

今日は東欧のワインを飲み比べよう
クイ
クイ
コストパフォーマンスの高いものが多いんだよ

ヨーロッパには、日本であまり知られていない良質なワイン生産国がまだまだあります。国際市場にはあまり出回っていませんが、みかけたらぜひ一度、味わってみましょう。

ルーマニア
Romania

ルーマニア固有のぶどうでつくられるワインがオススメ。コトナリ社の白ワインは昔から名高い。

ブルガリア
Bulgaria

世界最古のワイン産地のひとつ。ブルガリア固有のぶどうでつくられたワインを試してみたい。

ギリシア
Greece

松ヤニで香りづけされたレッチーナというワインがおもしろい。飲みやすいのはマスカット種からつくられる甘口のデザートワイン。サモス島産が有名。

これは
ブルガリアね
うん
おいしい
うーん
すばらしい
香りだな
次は
どこ?

ハンガリー
Hungary

世界三大貴腐ワインのひとつ「トカイ・アスー・エッセンシア」(P.80へ)の誕生地。黄金色に輝く極甘口のデザートワイン。

ルクセンブルク
Luxembourg

ひとりあたりのワイン年間消費量がもっとも多い国。シャンパンと同じ製法でつくられたスパークリング・ワインがオススメ。

オーストリア
Austria

グリュナー・フェルトリナー種の辛口の白ワインが人気。また、クラッハー社の甘口ワインもオススメ。

スイス
Switzerland

ワイン大国に囲まれた地で評価は高い。国内消費が多く、国際的な流通量は少ない。シャスラー種の白ワインが有名。

日本

高い醸造技術を武器に進化。ますますおいしく

試してみたい こんなワイン

Kosyu

甲州種の白ワイン

フルーティな味わいが一般的。つくり手しだいでいろいろな個性に染まりやすい。辛口から甘口、すっきりタイプからまろやかタイプまでいろいろ飲み比べたい。

〝和食にワイン〟は
もはや
あたりまえに
なってきてるわね

日本独自の品種から上質の白ワインが成長中

日本のワインづくりのスタートは明治初期。産業として大きく発展したのは１９８０年代からです。世界的にみれば、歴史はかなり浅いといえます。

とはいえ日本の醸造技術は、世界水準。高い技術力を駆使してワインをつくっています。原料の中心を占めるのは、甲州種という日本独自の白ぶどう。その他さまざまな交配種が用いられています。

メルロ種など、ヨーロッパ系品種の栽培方法も進歩し、こちらを用いた質のいいワインもつくられるようになっています。

地道に理想のワインづくりに携わる小さなワイナリーや、ワイン用ぶどうの生産者も増えています。日本のワインは、日々進歩中なのです。

日本のおもな生産地

山形県
米沢、天童、寒河江、上山、赤湯など。日本産の交配種マスカット・ベリーAなどが栽培されている。

北海道
十勝、余市、富良野、浦臼など。栽培されるのはおもに白ぶどう。ヨーロッパ系の品種も栽培されている。

長野県
塩尻、松本、上田、小諸など。コンコード種などのアメリカ系品種、ヨーロッパ系のメルロ種などを栽培。

山梨県
勝沼、塩山、一宮、甲府など。甲州種はじめ、その他の国産種、ヨーロッパ種など多様な品種が栽培されている。

ワイナリーへ行ってみよう

たいていのワイナリーは、ワインを試飲させてくれる。もちろん購入することもできる。初心者は、説明などに慣れている大手ワイナリーを訪問するといい。秋には収穫祭を催している。この時期に行くとより楽しめる。

注意すること

ドライバーの試飲は禁止！

量はほどほどに楽しむ

小さなワイナリーに行くときは、事前に連絡する

少人数で畑仕事から試飲販売までこなすため、多忙な時期は避けて。行くまえに連絡を。

アメリカ

カリフォルニアを中心に味わいを凝縮した印象的なワインをつくる

フランスをしのぐ勢い。ワイン世界のニューリーダー

アメリカ全土でワインはつくられていますが、中心はなんといってもカリフォルニア。他の州でも多少は輸出しているものの、海外からみるとやはり、アメリカのワイン＝カリフォルニアワイン。

かつては気軽に飲むテーブルワインの代名詞でしたが、いまやフランスをしのぐほどの、最高級ワイン産地です。風味や味わいが凝縮したパワフルさが、最大の魅力でしょう。原料の品種がラベルに明記されているのも、わかりやすい。

品質が急上昇したのは、栽培法や醸造法などが科学的に徹底研究されたから。

最近は、これまでの科学的手法が見直され、本来の自然な果実味を求める流れもでてきています。

試してみたい こんなワイン

カベルネ・ソーヴィニヨン種の赤ワイン

フランス・ボルドー地方の主要品種を使った、しっかりした力強い赤ワイン。たくましさはピカイチ。カベルネの本場ボルドー産と飲み比べてみよう。

シャルドネ種の白ワイン

フランス・ブルゴーニュ地方の白ワインの主要品種。カリフォルニアでも大成功をおさめている。数年の熟成で芳醇な香りがでてくる。

著名な生産者

- E&Jガロ社
- ロバート・モンダヴィ社
- マーカム・ヴィンヤード

数多くの有力生産者が切磋琢磨している。カリフォルニア大学のワイン研究も技術向上に一役買っている。

カリフォルニアのおもな生産地

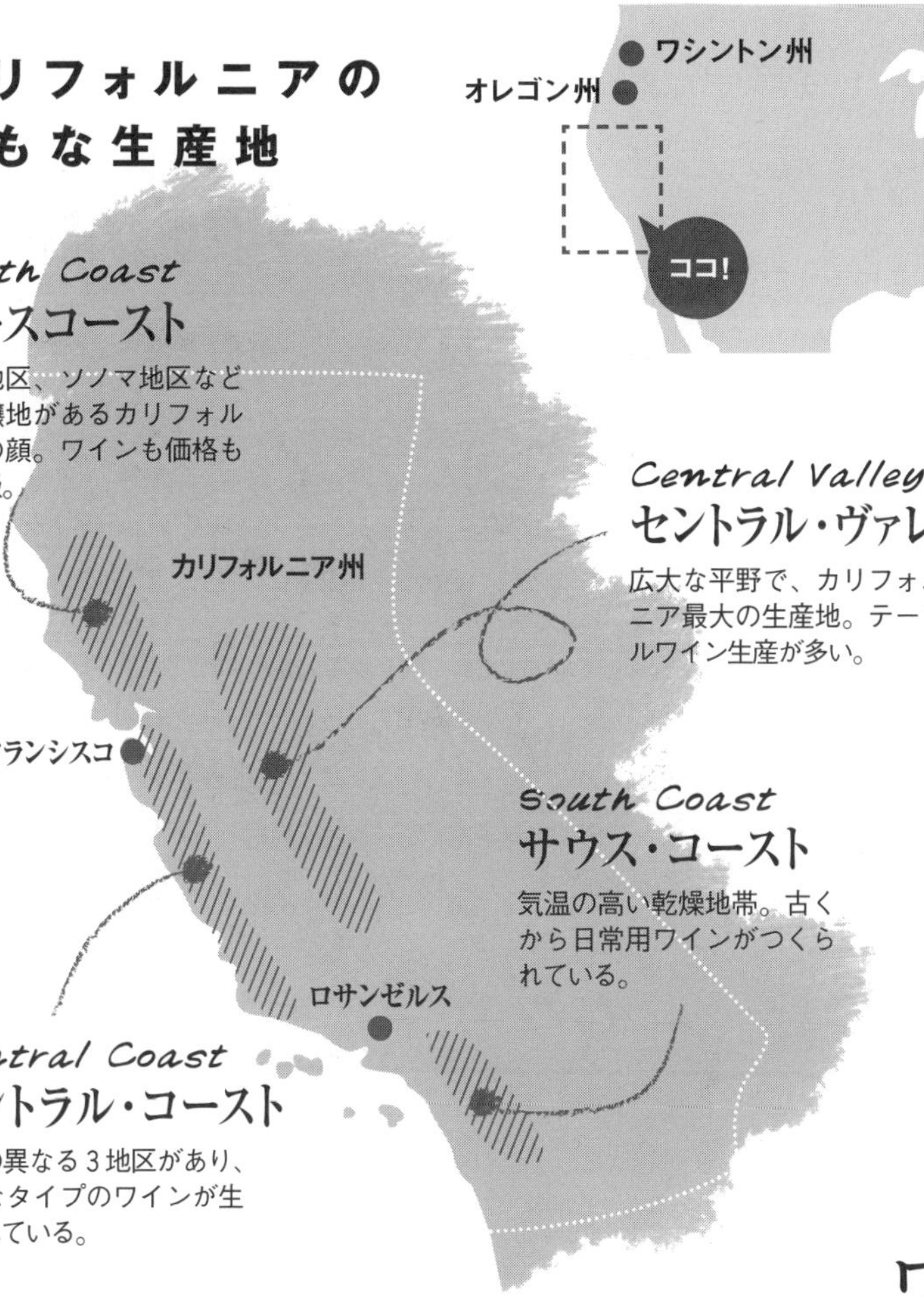

North Coast
ノースコースト

ナパ地区、ソノマ地区などの銘醸地があるカリフォルニアの顔。ワインも価格も最上級。

Central Valley
セントラル・ヴァレー

広大な平野で、カリフォルニア最大の生産地。テーブルワイン生産が多い。

South Coast
サウス・コースト

気温の高い乾燥地帯。古くから日常用ワインがつくられている。

Central Coast
セントラル・コースト

気候の異なる３地区があり、多様なタイプのワインが生産されている。

凍ったぶどうからつくるデザートワインに注目！

カナダは気候的にぶどう栽培にはあまり適していませんが、エリー湖やオンタリオ湖から吹く風が霜の害を防いでくれるオンタリオ州周辺でワインづくりが行われています。

生産されるワインの多くが白ワインです。

ぜひ試してみたいのが、アイスワイン。厳寒期に、果汁の水分が凍ったぶどうを収穫し、それを絞ってワインにしたものです。ぶどうの糖分が凝縮しているため、とても甘い白ワインができます。甘くても、すっきりしたフルーティな飲み口。デザートワインとして、辛党の男性にも多くのファンがいます。

恵まれた環境が育む ジューシーなぶどうが グラマーワインになる

手頃な価格で リッチな味わいを楽しめる

日本のワイン・ブームのなかで、一気に浸透してしまったチリワイン。いまやワインの選択肢にかかせない存在になっています。

最大の魅力は、コストパフォーマンスの点でひじょうにすぐれていること。高級ワインからテーブルワインに至るまで、品質のよさのわりに低価格なのはうれしいかぎりです。

気候的にぶどう栽培に適しており、古くからワイン生産地でしたが、海外の生産者が進出して、品質が向上。1989年のフランス・ボルドーでの品評会で金賞・銀賞を獲得したのがきっかけで、あっという間に台頭してきました。

チリには、単一品種でつくられたワインが多く、自分の好きな品種のワインが楽しめます。

試してみたい こんなワイン

カベルネ・ソーヴィニヨン種の赤ワイン

“チリカベ”と略されるほど、チリのカベルネは世界中で愛されている。深い果実味が広がるゴージャスな味わい。そのうえ、驚くほど安価。

著名な生産者

- エラスリス社
- コンチャ・イ・トロ社
- サン・ペドロ社

地元の生産者のほか、外国から参入している生産者も多い。両者が共同でワインづくりを行うことも。

カルムネール種の赤ワイン

深紅色の渋味の少ない、なめらかな赤ワイン。メルロ種のワインに似ている。ボルドー由来の品種だが、いまはチリがおもな産地。

チリのおもな生産地

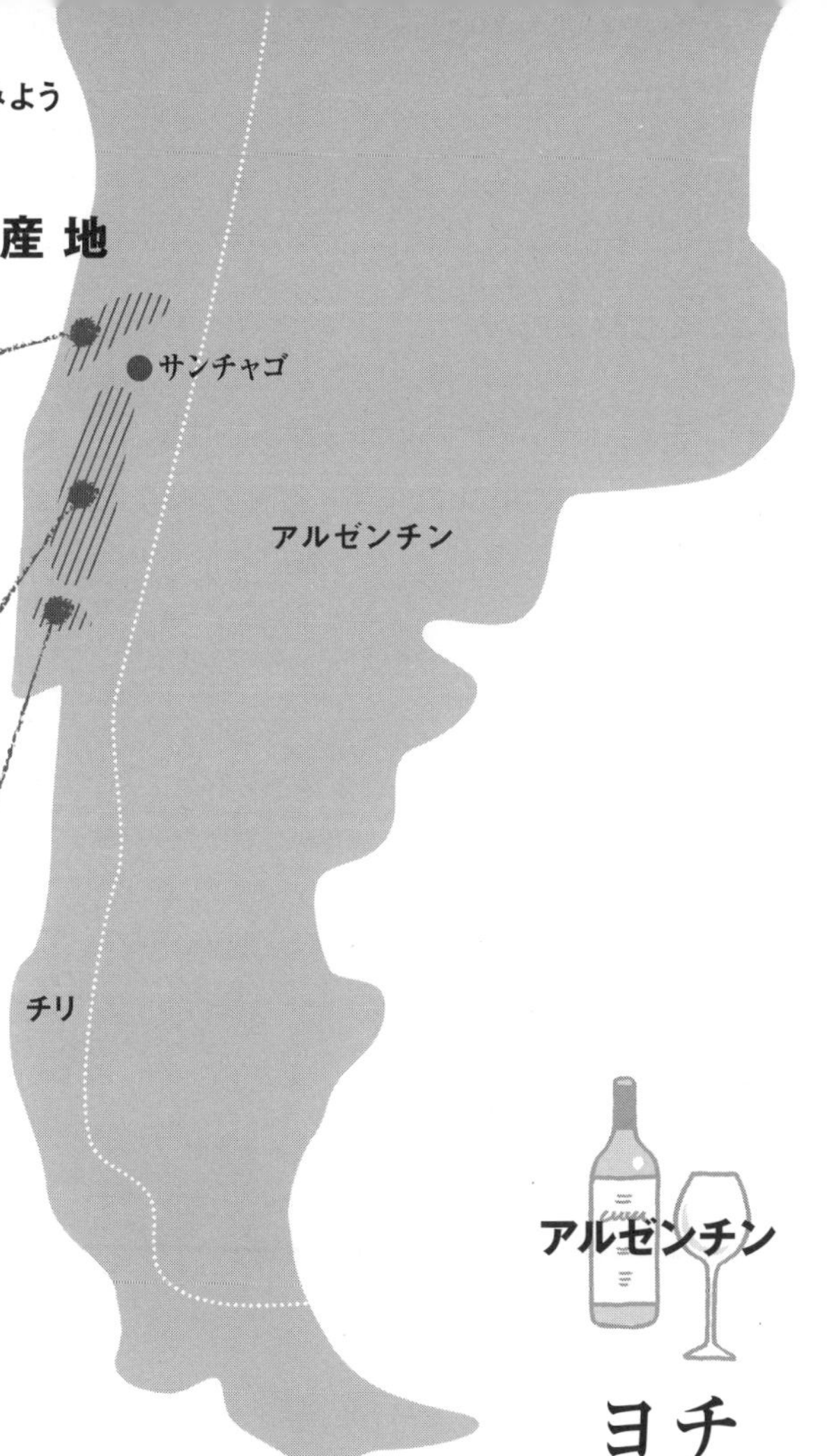

Aconcagua
アコンカグア地域

ぶどう栽培に最適の気候条件のなか、高級赤ワインだけでなく高級白ワインも生産。

Valle Central
セントラル・ヴァレー地域

大規模生産者が集まっている。フランス風の重厚な赤ワインを多く生産。

Region Sur o Meridional
南部地域

マスカット種などを中心として栽培。おもに国内消費用に生産している。

アルゼンチン

チリワインよりもヨーロッパ的な味わい

チリ同様、ヨーロッパからワイン生産者が移り住んで、良質なワインがつくられるようになった国。

栽培されている品種の多くは、マルベック種（75ページ参照）。湿度が低く雨も少ない気候のため、害虫が少なく、農薬をほとんど使わずにすみます。

低農薬ぶどうでつくられたワインは、ヨーロッパ的な複雑な味わいをもっています。

フルーティで、しかも骨太のしっかりとした味わいは、南米の未来を感じさせてくれます。

輸出品が増え、日本でも手に入りやすくなっています。南米の新しい味を、味わってみてください。

オーストラリア

高品質、低価格、そして安全、三拍子そろった人気者

試してみたい こんなワイン

カベルネ・ソーヴィニヨン種×シラーズ種の赤ワイン

シラーズはオーストラリアを代表する品種。どちらも力強い味わいのため、さらに深みが生まれ、甘みと渋味のバランスのいい赤ワインになる。

シャルドネ種×セミヨン種の白ワイン

シャルドネ種のさわやかな柑橘系の香りと、セミヨン種の芳醇な甘い香りがブレンドされ、フルーティで厚みのある白ワインに。

産地間や品種のブレンドが味の広がりと安定感を生む

広大な土地、安定してぶどう栽培ができる温暖な気候、イギリスからの移民……となれば、ワインづくりの条件はほとんどそろいます。

安定した品質のワインを、安定して生産できるので、価格も手頃。さらには低農薬で安全性が高いことも加わって、世界的に人気の高いワインになっています。

ぶどう栽培は、南部を中心に全土で行われています。特徴的なのは、産地にこだわることなく、産地間のぶどうやワインをブレンドして、ワインがつくられていること。それにより、品質が安定するのです。

ワイン分類の決めては、ぶどう品種。高級ワインには、ブレンドした品種がラベルに複数記載され、とてもわかりやすく、楽しめます。

オーストラリアのおもな生産地

Western Australia
西オーストラリア州

マーガレット・リヴァーという産地で、高級ワインがつくられている。世界的に注目されている産地。

Queensland
クイーンズランド州

生産量は少ない。おもにテーブルワインを生産していたが、最近では高級ワインもつくられるように。

New South Wales
ニュー・サウス・ウェールズ州

シドニーを州都とするこの州は、ワイン発祥の地。高級ワインから酒精強化ワインまで、さまざまなタイプのワインがつくられている。

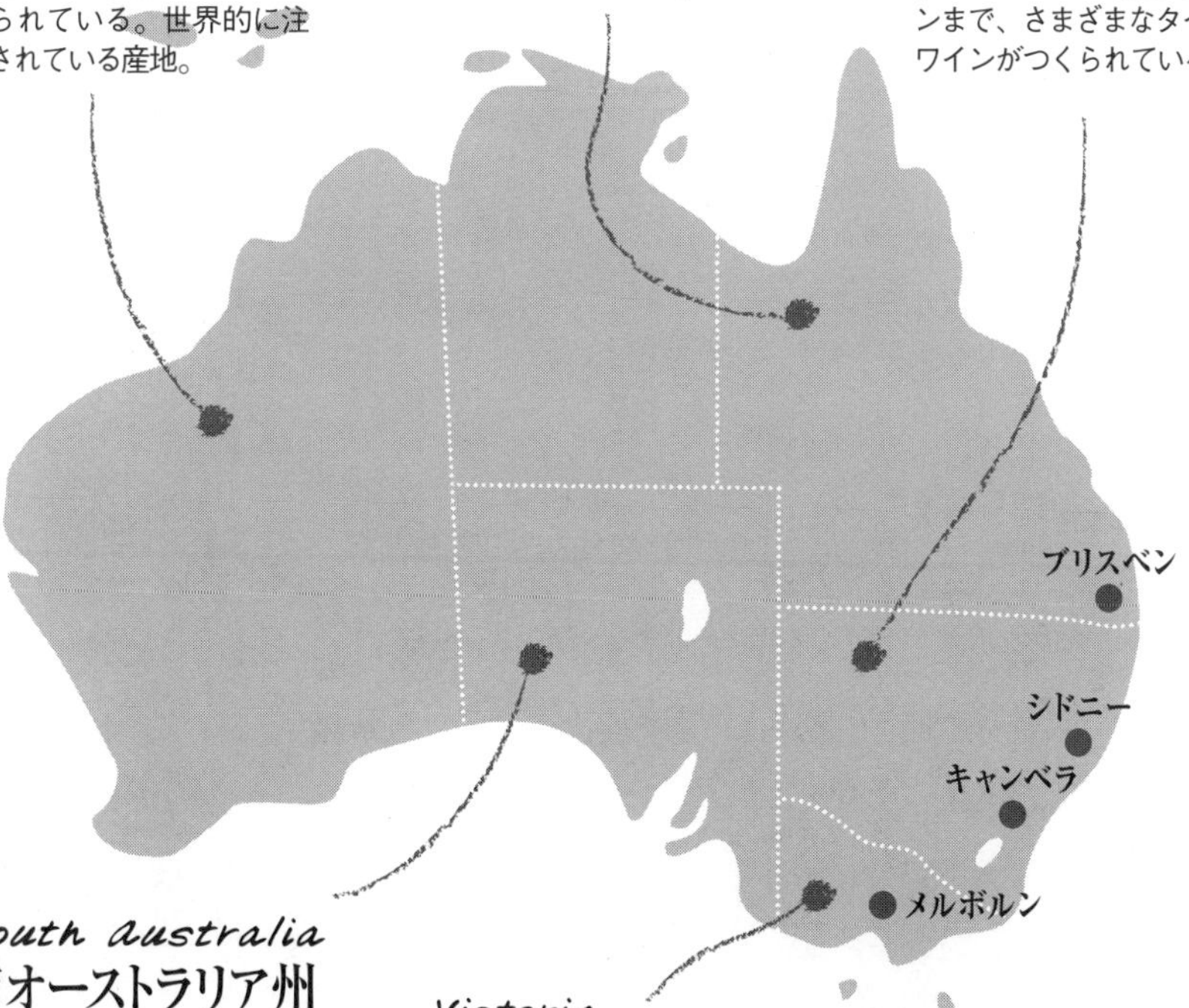

South Australia
南オーストラリア州

古くからのワイナリーが多い、国内最大の産地。生産量だけでなく、ヨーロッパ原産の品種からつくる高級ワインの質の高さでも国内一。

Victoria
ヴィクトリア州

小規模ワイナリーが多く集まった地域。かつては英国への輸出が中心だったが、現在は多種のワインがつくられ、世界に発信している。

Tasmania
タスマニア州

ヴィクトリア州の向かいに浮かぶ島。生産量は多くないが、他の地域より気候が冷涼。質の高いワインに。

ニュージーランド

良質の白ワインとスパークリング・ワインが高い評価を得ている

試してみたいこんなワイン

シャルドネ種の白ワイン

カリフォルニアで栽培されるシャルドネに比べると、フレッシュでみずみずしい魅力が感じられる。

ソーヴィニヨン・ブラン種の白ワイン

世界的にみても、もっともおいしいソーヴィニヨン・ブランといわれる。はつらつとして香り豊か。マールボロ地区でつくられたものが、とくに秀逸。

著名な生産者

モートン・エステート社

クラウディー・ベイ社

ヴィラ・マリア・エステート社

ワインツーリズムが盛んなため、立派なビジターセンターをそなえたワイナリーが多い。

昼夜の気温差がはつらつとした味わいを生む

ワインづくりが盛んになったのは、20世紀に入ってから。歴史は長くありませんが、白ワインとスパークリング・ワインに秀逸なものが多く、世界中にファンがいます。

主要な栽培品種は、ソーヴィニヨン・ブラン種やシャルドネ種。これらからつくられる白ワインには、果実味たっぷりのはつらつとした味わいがあります。ニュージーランドは、「1日のうちに四季がある」といわれるほど温度差が大きく、そのことが酸味を保ったバランスよいぶどうを育てるのです。そのため、スパークリング・ワインも切れ味がよく、果実味豊かな味わいです。

オーストラリア同様、原料の品種名がラベルに記載されているので、選択の際の参考に。

ニュージーランドのおもな生産地

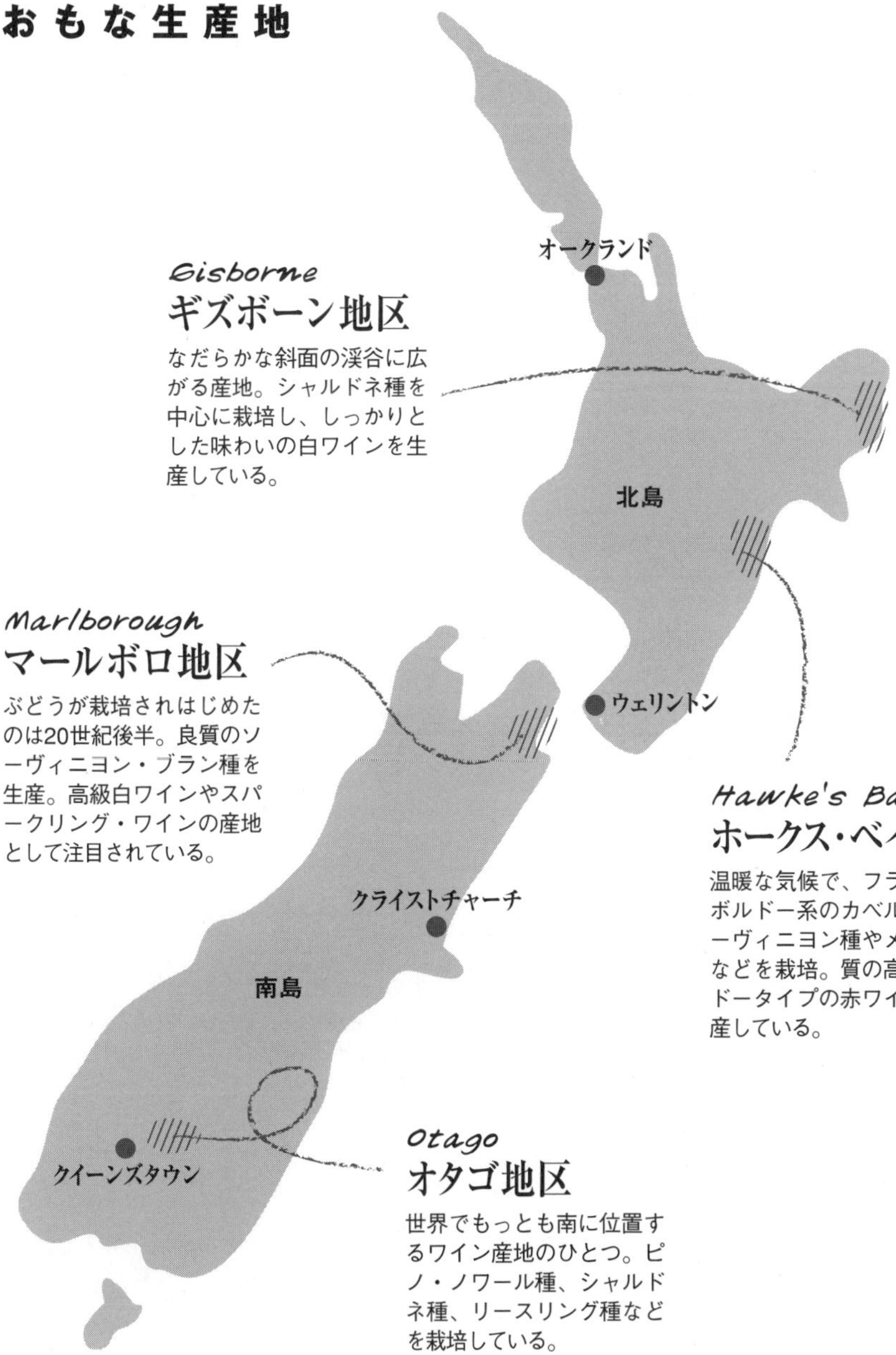

Gisborne ギズボーン地区

なだらかな斜面の渓谷に広がる産地。シャルドネ種を中心に栽培し、しっかりとした味わいの白ワインを生産している。

Marlborough マールボロ地区

ぶどうが栽培されはじめたのは20世紀後半。良質のソーヴィニヨン・ブラン種を生産。高級白ワインやスパークリング・ワインの産地として注目されている。

Hawke's Bay ホークス・ベイ地区

温暖な気候で、フランス・ボルドー系のカベルネ・ソーヴィニヨン種やメルロ種などを栽培。質の高いボルドータイプの赤ワインを生産している。

Otago オタゴ地区

世界でもっとも南に位置するワイン産地のひとつ。ピノ・ノワール種、シャルドネ種、リースリング種などを栽培している。

各国に広がるワインの生産地。まずは一杯飲んでみて

中南米

メキシコ
Mexico

メキシコといえばテキーラが有名だが、ワインはカベルネ・ソーヴィニヨン種など力強い赤が中心。

ペルー
Peru

近年、設備や醸造技術が高まり品質も向上。タカマ社のワインがオススメ。

ブラジル
Brazil

南のリオ・グランデ・ド・スル州が好産地。国際市場での流通は少ない。

アジア

インド
India

まだまだめずらしいが、インドのワインも日本に入ってきている。右は、カリフォルニアの醸造家がコンサルタントするスラ社のワイン。

中東

トルコ
Turkey

イスラム教徒が大半の地だが、ワインがつくられている。トルコ独自のぶどう品種が多い。

レバノン
Lebanon

国の中央にあるビカ渓谷が主要産地。シャトー・ケフラヤ社のワインは高評価。

イスラエル
Israel

ゴラン高原などの銘醸地がある。カベルネ種などから上質の赤が生まれている。

知識が
一杯のワインを
より味わい深く
してくれる

アフリカ

モロッコ
Morocco

北アフリカの名産地。赤ワインを中心に、現代的なワインをつくっている。

南アフリカ
South Africa

300年以上の歴史あるワイン産地。カベルネ種の赤やシャルドネ種の白、独自のピノタージュ種からつくるどっしりした赤なども。

チュニジア
Tunisia

地中海に面した地域がワイン産地。香りのいい白ワインを試したい。

おわりに

レストランでワインリストを手渡されたとき、ドキッとしたり、どうしたらいいか困った経験はありませんか？　どの価格帯のワインを、どう注文すればいいのか。人と違ったおかしな振る舞いをしていないか……慣れないうちは気になるものです。

そんなときは、落ち着いて店員さんに相談してください。店員さんが、心地よい時間を過ごせるように、サポートしてくれます。

ワインを飲むときに、こうしなくてはいけないという決まりはありません。おいしく、楽しく飲む、これが大切です。

とはいえ、仕事やデートなどの会食に備えて、ちょっとしたマナーを頭に入れておくと安心です。本書では、Part1で一通りの振る舞いを紹介、Part3でワインにまつわる疑問に答えています。一読していただければ、どんな席でも臆することなく振る舞えると思います。

他にも「自宅でワインを飲むコツ」「おつまみレシピ」「おもなぶどう品種とそのワインの解説」「世界のワイン紹介」などを一冊にコンパクトにまとめました。むずかしく考えないで、みなさんがもっと気軽にワインを口にし、自由に楽しめる一助になればうれしく思います。

本書をまとめるにあたり、幻冬舎の福島広司氏、鈴木恵美氏にご尽力いただきました。御礼申し上げます。

二〇〇八年秋

弘兼憲史

● 取材協力

菅原 實　(株式会社三美　取締役社長)
東京都中央区銀座8－6－25 河北ビル

● 料理協力

石澤 實、世良 豊　(ダルトン)
東京都中央区銀座6－6－9 ソワレ・ド銀座ビル4F

● 写真提供＆取材協力

P.16-17　P.104(上)　P.107
株式会社ワイン・アクセサリーズ・クリエイション
http://www.wineac.co.jp/

P.42-45　P.54　P.59-71
チーズ専門店　オーダーチーズ・ドットコム
http://www.order-cheese.com/
チーズスクール　東京チーズアカデミー
http://www.cheese-academy.net/

P.89
ガラスエッチング工房『がらすの森』
http://www.glass-mori.com/

P.104(下)
T.C/タイムレスコンフォート 自由が丘店
☎03－5701－5271

● 参考資料

「クレア ドゥエ・イーツ 極旨ワイン大図鑑2006 ホントにおいしいワインの選び方。」(文藝春秋)
「デュアル(DUAL)2008・6」(PHP)
「日本のワイナリーに行こう2007」石井もと子監修(イカロス出版)
「別冊一個人 いま、最高においしいワイン」(KKベストセラーズ)
「ワイナート」(美術出版社)
「ワイン王国」(ワイン王国)
「ワインとグルメの資格と教室2008」(イカロス出版)
『家庭で飲むためのお気に入りワインの探し方』原子嘉継監修(PHP)
『さらに極めるフランスワイン入門』弘兼憲史(幻冬舎)
『世界の名酒事典2008-09年版』(講談社)
『チーズポケットブック』(旭屋出版)
『知識ゼロからの世界のワイン入門』弘兼憲史(幻冬舎)
『知識ゼロからのワイン入門』弘兼憲史(幻冬舎)
『パンの事典』(成美堂出版)
『ボルドー第3版』ロバート・M・パーカーJr.(講談社)
『やさしくわかるワイン入門』田島みるく(PHP)
『ワインパーティをしよう。』行正り香(講談社)
『ワインを楽しむためのミニコラム101』アンドリュー・ジェフォード、中川美和子訳(TBSブリタニカ)

以上の資料と、メーカー、洋酒取扱会社の方々にご協力いただきました。
ありがとうございました。

弘兼憲史（ひろかね　けんし）

1947年山口県生まれ。早稲田大学法学部卒。松下電器産業販売助成部に勤務。退社後、1976年漫画家デビュー。以後、人間や社会を鋭く描く作品で、多くのファンを魅了し続けている。小学館漫画賞、講談社漫画賞の両賞を受賞。家庭では２児の父、奥様は同業の柴門ふみさん。代表作に、『課長 島耕作』『部長 島耕作』『加治隆介の議』『ラストニュース』『黄昏流星群』ほか多数。『知識ゼロからのワイン入門』『知識ゼロからのカクテル＆バー入門』『知識ゼロからの簿記・経理入門』『知識ゼロからの企画書の書き方』『知識ゼロからの敬語マスター帳』『知識ゼロからのM＆A入門』『知識ゼロからのシャンパン入門』（以上、幻冬舎）などの著書もある。

装丁　石川直美（カメガイ デザイン オフィス）
本文漫画　『課長 島耕作』『部長 島耕作』『取締役 島耕作』
『常務 島耕作』『専務 島耕作』（講談社刊）より
写真撮影　佐藤幸稔
本文イラスト　伊藤和人
本文デザイン　八月朔日英子
校正　滄流社
編集協力　佐藤道子　オフィス201（高野恵子）
編集　福島広司　鈴木恵美（幻冬舎）

女性のためのスタイルワイン

2008年11月30日　第１刷発行

著　者　弘兼憲史
発行者　見城　徹

発行所　株式会社 幻冬舎
〒151-0051　東京都渋谷区千駄ヶ谷4-9-7
電話　03-5411-6211（編集）　03-5411-6222（営業）
振替　00120-8-767643
印刷・製本所　株式会社 光邦

検印廃止

ISBN978-4-344-90134-6 C2077
Printed in Japan
幻冬舎ホームページアドレス　http://www.gentosha.co.jp/
この本に関するご意見・ご感想をメールでお寄せいただく場合は、comment@gentosha.co.jpまで。